[英] 温斯顿·丘吉尔一著　李国庆等一译

CHURCHILL'S MEMOIRS OF WORLD WAR II

丘吉尔二战回忆录

胜利近在眼前

SPM 南方传媒 | 广东人民出版社

·广州·

图书在版编目（CIP）数据

胜利近在眼前 /（英）温斯顿·丘吉尔著；李国庆等译. -- 广州：广东人民出版社，2024. 8. --（丘吉尔二战回忆录）. -- ISBN 978-7-218-17984-1

Ⅰ. K835.617=5；K152

中国国家版本馆 CIP 数据核字第 2024LK2586 号

QIUJI'ER ERZHAN HUIYILU · SHENGLI JINZAI YANQIAN

丘吉尔二战回忆录·胜利近在眼前

[英] 温斯顿·丘吉尔 著　李国庆等 译

出 版 人：肖风华

责任编辑：范先鋆　胡吕乔
责任技编：吴彦斌
封面设计：贾　莹

出版发行：广东人民出版社
地　　址：广州市越秀区大沙头四马路 10 号（邮政编码：510199）
电　　话：（020）85716809（总编室）
传　　真：（020）83289585
网　　址：http://www.gdpph.com
印　　刷：三河市人民印务有限公司
开　　本：787 毫米 × 1092 毫米　1/16
印　　张：12.75　　**字　　数**：184 千
版　　次：2024 年 8 月第 1 版
印　　次：2024 年 8 月第 1 次印刷
定　　价：68.00 元

如发现印装质量问题，影响阅读，请与出版社（020-87712513）联系调换。
售书热线：（020）87717307

《丘吉尔二战回忆录》译者

（排名不分先后）

李国庆　张　跃　栾伟霞　曾钰婷　刘锡赟　张　妮
李楠楠　汤雪梅　赵荣琛　宋燕青　赖宝滢　张建秀
夏伟凡　王　婷　江　霞　王秋瑶　郑丹铭　姜嘉颖
郭燕青　胡京华　梁　楹　刘婷玉　邓辉敏　李丽枚
郭铁凡　郭伊芸　韩　意　李丹丹　晋丹星　周园园
王瑨珽

战争时：　意志坚定

战败时：　顽强不屈

胜利时：　宽容敦厚

和平时：　友好亲善

致谢

在完成前几卷的过程中，陆军中将亨利·波纳尔爵士、艾伦海军准将、迪金上校以及已故的爱德华·马什爵士、丹尼斯·凯利先生和伍德先生都曾给予我很大的帮助，我必须再次向他们表达我衷心的谢意。此外，我还应当感谢仔细阅读初稿，并提出建议的许多其他人士。

写作过程中，空军上将盖伊·加罗德爵士为我提供了空军方面的资料，在此一并谢过。一直以来，伊斯梅勋爵以及我的其他朋友都不断给予我帮助。

承蒙政府的准许，我得以复制一些官方文件——其王家版权为政府文书局局长所有，特此致谢。遵照政府的要求，出于安全考虑，我对本卷①刊登的某些电文进行了改写。这些改动没有影响原文的内容和本质。

罗斯福财物保管理事会允许我援引总统的电文，对此我表示感谢。此外，对那些同意刊登其私人信件的人们，我同样致以谢意。

---

① 原卷名为“胜利与悲剧”，现分为《盟军登陆》《捷报频传》《胜利近在眼前》《铁幕落下》四册。——编者注

前 言

本卷（《盟军登陆》《捷报频传》《胜利近在眼前》《铁幕落下》）宣告了整个二战回忆录的尾声。英美部队于1944年6月6日登陆诺曼底；十四个月后（1945年8月），我们的敌人全部投降。此间发生的一系列重大事件让这个文明世界为之震惊：纳粹德国溃败并被瓜分占领、苏联确立了在东欧的中心地位、人类第一次在战争中使用原子弹、日本战败。

和前几卷一样，我会就我所知进行讲述；当时我作为英国首相和国防大臣也亲身经历了这一切。我对二战的讲述也基于当年在严酷考验下撰写的文件和演讲稿，因为我坚信这些史料比事后的想法更加真实、可靠。本书原稿大约两年前就已完成。然而书中所述事实仍需查证，所含原始文件的发表也需征得各方同意，但由于我事务缠身，无法亲力亲为，因此只能对这一过程进行监督。

我为本卷取名为“胜利与悲剧”，因为伟大的盟国虽然取得了决定性的胜利，但迄今为止并未给这个令人忧心忡忡的世界带来和平。

温斯顿·丘吉尔

于肯特郡，韦斯特勒姆，恰特韦尔庄园

1953年9月30日

目录
CONTENTS

第一章
ONE
雅尔塔会议：前期准备

苏军推进情况——意大利战情——东欧政治问题——罗斯福总统和斯大林通信讨论波兰问题——急需召开三国会议——我为安排联合参谋长委员会会议所做的努力——哈里·霍普金斯访问伦敦——对雅尔塔会议的种种担忧——我飞赴马耳他——瓦莱塔港会面——英美两国参谋长展开讨论

苏军已推进至波兰和匈牙利边境。10月20日，苏联人攻下贝尔格莱德。此后，苏军继续向多瑙河山谷深入，然而却在匈牙利平原上遭到了敌军的负隅顽抗，前行受阻。11月29日，苏军在布达佩斯以南八十英里处，向多瑙河上的某个滩头阵地发起进攻，并向北突进。12月底，苏军已将布达佩斯团团包围，并时不时发起激烈的巷战，持续了六个星期。德军在巴拉顿湖[①]沿岸严防死守，伺机猛攻。春天来临之前，苏军一直被迫止步不前。

再来看波兰战场的情况：夏季苏联向前推进的成果显赫，到了秋季，苏联则努力地集结兵力。1月，苏联已做好了一切战斗准备，他们从桑多梅日附近的滩头阵地出发，向西推进，月底，便已跨越德国边境，深入上西里西亚的大工业盆地。再往北看，苏军已跨过华沙两岸的维斯杜拉河，并于1月17日攻破华沙，向波兹南发起进攻。此外，其兵分几路，向奥得河下游推进，直逼什切青和但泽。与此同时，苏军从东南两面攻入东普鲁士。由此，到1月底，波兰全境几乎已被

① 巴拉顿湖，中欧最大湖泊，在匈牙利中部。从西南到东北长80公里（50英里），面积596平方公里。——译者注

苏军尽数攻破，只剩哥尼斯堡尚在敌军严密守卫之下。此地的守军同但泽的敌军一样顽固不化，4 月前，敌军一直在负隅顽抗、无望地挣扎着。因一部分德军被切断了退路，为保障德军大部队的撤退路线，希特勒不允许库尔兰守军撤退，直到投降前，他们都被迫困守库尔兰。

此次苏联最高统帅部所采取的战略，不禁让人想起 1918 年福煦元帅的决胜之战。苏方陆军参战兵力约为敌军三倍，空军也占据着绝对优势，沿着那条宽广的战线，一系列战役在各地接连打响。在其猛烈攻势下，敌军的防线几乎没有一处是完整的，不得不全线后退。

* * *

西线的战事则由我军负责，虽战役规模不及苏联，但也将敌军逼回了德国边界。由此，至 1945 年 1 月底，除了匈牙利和意大利北部据点还在疲于挣扎外，德军几乎已全线退回境内。前文已经提到，亚历山大发起的攻势虽说巧妙，胜算却不大，已经被迫停止前进。11 月，空军部队针对德国至意大利的铁路线，展开了长达六个月的战略袭击。在布伦纳一线，多个变电站已被我方破坏，火车不得不停用电力，改用蒸汽机，而在其他地区，敌军增援部队的调配及物资供应也同样遭受了严重的打击。盟军战略空军部队由美国空军总司令——埃克将军手下的坎农将军负责指挥，他们日复一日，紧张地战斗着，我根本无法将其所开展的各项行动一一讲述清楚。他们不畏恶劣的气候条件，英勇抗敌，对秋季行动助益颇丰，亚历山大将军在电文中对其称赞有加，丝毫不显得过分：

> 坎农将军领导能力极佳，一直以来，他给予我的支持和鼓励都对我帮助颇大，再华美的语言都难以表达我对他的敬意。在其努力之下，敌军空中部队已无法对我们造成任何威胁；他们对陆上行动的紧密配合，使地面部队亦获得了有效支援；我军部队推进到敌军领地后，随处可见大片被摧毁的

敌方车辆、桥梁和铁路。这些不争的事实，难道还不足以说明坎农将军的功绩吗？

不过，意大利全线解放却要等到明年春天才行。

三国会议前夕的军事形势便是如此了。

* * *

然而，要说政治局势，至少在东欧，实在是不尽如人意。希腊虽说暂时平静了，并且很可能在合适的时间内，由普选和无记名投票的方式成立自由的民主政府。然而，这种表面的平静之下，无疑潜藏着重重危机。罗马尼亚和保加利亚完全置于苏联的军事掌控之下；匈牙利和南斯拉夫也笼罩在战争的阴云之中。而刚从德国魔爪中解放的波兰，此刻又落入另一位征服者手中。10月，我访问莫斯科时，曾同斯大林协定了一些非正式的临时安排，但这些安排绝不会在德国战败后，干涉或影响到这片广阔区域的未来。就我个人而言，更是无意如此。

我们急需针对战后欧洲的总格局和总体系做出讨论。纳粹战败后，我们应如何对待德国？在对日的最后一战中，苏联会给予何种援助？我们的军事目的达成后，三大同盟国将会采取何种举措以维护世界和平，又将设立何种组织以妥善管理世界性事务？在敦巴顿橡树园所进行的讨论，有些问题尚未达成共识。1944年10月，艾登先生和我访问克里姆林宫时，克服了许多困难，促成了亲苏派“卢布林波兰人”和亲英派波兰人的谈判，此项谈判范围虽小，却意义重大，结果却同样未能达成完全一致的协议。自米科莱契克断绝了与伦敦同僚的关系后，罗斯福总统与斯大林之间便保持着通信往来，不过信件的内容并无甚新意，罗斯福总统也从未向我隐瞒什么。然而，1月5日，苏联不顾英美两国的意愿，承认卢布林委员会成为波兰的临时政府。

* * *

早前，罗斯福总统便已将他和斯大林往来的电报知会于我。电文内容如下：

斯大林元帅致罗斯福总统：

……距米科莱契克最后一次访问莫斯科已有一段时间，这段时间内发生了不少事情。特别值得注意的是，我们从在波兰逮捕的恐怖分子（波兰流亡政府的地下活动者）手中截获了他们同米科莱契克政府往来的无线电报。这一系列的事实和这些电文可以证明，米科莱契克同波兰民族委员会谈判不过是为了掩护恐怖分子在波兰境内对苏联官兵采取的一系列罪恶行径。这些恐怖分子在波兰流亡者的唆使下，残忍地杀害了驻扎于波兰的苏军官兵，对为波兰的自由解放而奋战的苏军拔刀相向，这无异于助纣为虐、叛投敌军，我们怎能容忍。阿尔奇谢夫斯基接替了米科莱契克的职位，波兰流亡政府的各个部长也例行调换。这些情况使得整体局势愈加恶化，波兰国内与流亡政府间的矛盾一触即发。在此期间，波兰民族委员会进展颇丰：在波兰境内，波兰国力增强，政府权力机关实力加强，波兰军队人数和实力都有所提升，一系列重要的行政措施得以实施，最先实施的便是有利于农民的土地改革。由此，波兰民主权力得到巩固。而民族委员会，不仅获得了波兰境内民众的广泛信任，在境外的波兰社会各界人士之间的威信也获得了显著提升。

我认为，当前，我们应向波兰民族委员会，以及所有有志向且有能力同波兰民族委员会合作的人士提供帮助。这对于早日实现盟国的共同目标——尽早击溃希特勒德军，尤为重要。从德国人手中解放波兰的重担全都压在苏联肩上。而

波兰人民，在国土之上成立了自己的政权，且已日趋强盛，拥有了自己的军事力量。这些部队同苏军一道抵抗德军。在当前的情况下，苏联若要与波兰保持往来，便必须同波兰人民的政权保持密切友好关系。

说实话，若是波兰民族解放委员会有意转为波兰临时政府，从上文中所谈到的情况来看，苏联政府是没有什么重要理由推迟承认临时政府地位的。我们必须牢记，苏联比其他任何国家都希望一个与盟国友好的民主波兰政权能日益强大。这不仅仅是因为苏联承担着波兰解放的主要责任，更是因为波兰是苏联的邻国，波兰问题与苏联的国土安全问题息息相关。说到这，我必须补充一点：苏军在波兰的对德战争中屡战屡胜，这离不开后方爱好和平、值得托付的坚实力量，波兰民族委员会正是这一良好局面的创造者；而流亡政府却伙同其地下活动者，在苏军后方谋划了一系列恐怖主义活动，意图发起内乱，阻挠苏军行动。

另外，考虑到波兰的现实情况，再支持流亡政府已经毫无必要了。波兰人民已经对流亡政府彻底失望，苏军在前线浴血奋战，流亡政府却在背后图谋内乱，这对击垮德国没有半点帮助，对我们共同的事业百害而无一利。在我看来，若盟国政府能一致同意，尽快同波兰民族委员会代表会面，在民族委员会转为临时政府后，过一段时间，承认其为波兰的合法政府，这才是我们该做的事，这才会对我们共同的事业真正有所助力。若不这样做，波兰人民或将对盟国信心大减。我认为，绝不能让波兰人民认为，我们为了保住那些位于伦敦的流亡者，不惜以牺牲整个波兰为代价。

1944 年 12 月 27 日

罗斯福总统将他对以上电报的回复转给了我，内容如下：

罗斯福总统致首相：

今天，我回复了斯大林的电报，您将会在后文看到，我们二人对此看法是完全一致的。

“12 月 27 日，您致电谈到了波兰问题。您在电文中表示，必须立刻承认卢布林委员会为波兰临时政府，否则等我们再找机会召开会议，详加讨论后再定夺实在来不及了。对此，我失望极了，也深感不安。若将承认临时政府这一单纯的司法形式稍加延期，等一个月左右，我们会面后再行商讨，我想，不管是对苏联政府，或是军队，都无甚严重影响。

“我完全无意阻挠您同卢布林委员会接触，更不会要求您接受目前在伦敦的波兰政府，同此政府打交道。之所以极力敦促延期一事，这是因为：联合国中的多数国家，包括英美两国，都认可伦敦的波兰政府的地位，并同其保持着外交往来。若苏联政府单方面承认波兰民族委员会的执政地位，这无疑会对现阶段的战争产生严重的不良影响，世界各国将会议论纷纷，敌军士气亦会有增无减，甚至会催生更严峻的后果。我想，这些您也能意识到吧。

“您将想法直言相告，我也必须向您坦诚。苏联这手牌，美国政府不会跟，美方暂且不会否认伦敦的波兰政府，转而承认卢布林委员会。这并不是因为，美国同伦敦的波兰政府有特殊往来，或是对其有什么特殊感情。事实上，不论是从卢布林委员会的成立方式，或是其发展势头来看，直到现在，美国政府和美国人民都无法找出什么根据来断定这一委员会是广大波兰人民的代表。当前，除寇松线以西的一小片区域外，整个波兰几乎都处于德国的暴政统治之下。由此可见，波兰人民根本没有机会表达对卢布林委员会的看法，这样的事实，我又怎能忽视呢？

“若是将来的某一天，波兰全境解放，到那时，若有一个临时政府成立，并得到了人民的拥护，波兰人民的选择，自

然会得到美国政府的支持。

“您谈到，米科莱契克离开伦敦的波兰政府后，局势进一步恶化，这点我与您看法一致。我坚信，米科莱契克一直诚心希望苏联和波兰两国的问题能得到妥善解决。波兰问题困难重重、险情不断，纵观我所了解的波兰人，我认为，波兰只有在米科莱契克的领导下，才有机会化解危机。米科莱契克在华盛顿时，我们二人曾多次交流；他访问莫斯科时，也为妥善解决波兰问题做出了不少努力，制定了许多方针。再加上我个人对米科莱契克的了解，我无论如何都不会相信，他会和恐怖分子串通一气。

“此封电报的目的在于，向您说明当前美国政府在是否承认卢布林委员会为临时政府一事上的立场。我愈发肯定，若我们三人能够会面，必定能够找出合理解决波兰问题的方案。因此，我希望，您能在那之后，再考虑正式承认卢布林委员会为波兰临时政府。从军事角度来看，我认为，这一个月的延期并不会带来多大弊端。”

1944 年 12 月 30 日

斯大林回复道：

斯大林元帅致罗斯福总统：

已收到您 12 月 30 日的来电。

苏联政府在波兰问题上的立场无疑是正确的，只可惜我未能成功劝服您。不过，我还是希望，随着局势的进一步发展，您能认识到，波兰民族委员会一直以来都是盟国可靠的伙伴，并将坚持为盟国的事业而奋斗。在帮助苏军抗击希特勒德国的战斗中，民族委员会的贡献更是不容小觑。与之相反，在苏军艰苦抗击德军时，伦敦的流亡政府却在波兰制造内乱影响战局。

您提议，苏联政府承认波兰临时政府一事应延期一个月。我完全能理解您的此项提议，然而，我恐怕要让您失望了。这是因为，先前波兰方面曾问到此事，早在12月27日，苏联便答复，一旦波兰临时政府成立，苏联必将即刻承认其政治地位。这样一来，您的提议怕是就无法实现了。

请允许我向您致以新年问候，祝您身体健康，万事如意。

1945年1月1日

没过多久，斯大林便就波兰问题亲自向我发来电报，内容如下：

斯大林元帅致首相：

想必您已获悉，卢布林的波兰民族委员会已宣称，波兰民族解放委员会将转为波兰共和国临时政府。我们和波兰民族委员会的关系您也是知道的，我们认为，此委员会在波兰已威信极高，是波兰国家意志的合法代表。在我们看来，波兰民族委员会转为临时政府，简直是再合适不过了。尤其是现在，波兰流亡政府没了米科莱契克后，简直找不到半点政府的样子了。在我看来，波兰决不可一刻无政府。因此，苏联政府已经同意，将承认波兰临时政府的地位。

苏联政府在波兰问题上的立场无疑是正确的，只可惜任凭我如何解释，您依旧完全不为所动。不过，我还是希望，随着事态的发展，您能看到，我们之所以承认卢布林的波兰政府，完全是出于盟国共同事业的考虑，此举必将加速德国的覆灭。

文后，我将附上我同罗斯福总统谈及波兰问题的两封电报，供您参考。

罗斯福总统提议我们三人在1月底或2月初会面，我知道，这项建议已获得您的支持。能在苏联境内与您二位见面，实乃不胜荣幸。愿我们的共同事业能收获成功。

借此机会，祝您新年快乐，身体健康，万事如意。

1945 年 1 月 4 日

在我看来，再继续通信已毫无帮助，只能待到见面后再作打算。

首相致斯大林元帅：

感谢您发来了您与罗斯福总统讨论波兰问题的两封电报。我和战时内阁的同僚们，无一不为现如今的事态发展趋势而忧心。我很清楚，最好的解决办法就是我们三人会面，对此事涉及的方方面面详加讨论。我们不能将这一问题孤立来看，而是要将此同战时以及战后和平过渡时期的世界整体局势结合起来研究。在此期间，正如您所知，英方不会改变在此问题上的立场。

1945 年 1 月 5 日

* * *

总统深信，我们“三巨头”必须再次会面，并且这段时间以来，我们没少讨论会议的诸项准备工作。一如往常，会议地点是我们争论的焦点。总统说：“若是斯大林无法来到地中海与我们会面，那我便考虑前往克里米亚半岛。纵观黑海地区的可用之地，岸上设施最齐全、飞行条件最适宜的开会地点，莫过于雅尔塔了。同德黑兰会议时一样，约有三十五人与我一同赴会。我仍对斯大林抱有期望，希望当前的军事形势能促使双方各作让步。”

我答复道：

首相致罗斯福总统：

海军部针对雅尔塔研究制定了一份报告，我将把这份报告发给您。若我们将会址定在此地，最好准备几艘驱逐舰，

必要时可供居住。我曾乘坐约克式飞机在辛菲罗波尔着陆。若从卡塞塔的大型空军基地和气象中心起航，飞行途中将会非常顺利。我敢说，斯大林无论如何都会在岸上做好接待准备。我们需要尽可能少带随行人员，但安东尼和莱瑟斯必须随我同行。我认为，会议时间应定在1月底。

1944年12月28日

30日，罗斯福总统来电，称就职典礼结束后，他便即刻离美赴会。他计划乘军舰前往地中海，再转乘飞机至雅尔塔。听闻总统的计划，我立刻表示同意，并承诺派遣一艘客轮前往塞瓦斯托波尔。而我则将取道卡塞塔直飞雅尔塔。12月31日，我向总统发电，问道："您为此次行动拟好名称了吗？若是尚未决定，'阿格诺'如何？听到这个名字，只会让人想到地名，是推断不出什么信息的。"

然而，若是按照这条路线，总统需要飞过横亘在意大利和雅尔塔之间的高山。总统身边包括他的参谋们、医生在内的那群人，考虑到了总统的身体状况，不建议他高空飞行。海军上将休伊特提议，总统先经由海路到达马耳他后，再转乘飞机。我也觉得这是个好主意。

首相致罗斯福总统：

若您要来马耳他，我们自然都十分欢迎。到时候，我一定会去码头迎接。您还会看到，一年前您为马耳他题的词，现在已经刻在了碑上。您觉得怎么方便，我们便可以怎样安排。不要再踌躇！就从马耳他到雅尔塔吧！不要再变了！

1945年1月1日

我还把上述情况写成了打油诗，以供自娱：

切勿更改，切勿踌躇，切勿纠结，
马耳他到雅尔塔，雅尔塔到马耳他。

发不发电报，结果都一样。

罗斯福总统致首相：

我们计划乘船前往马耳他，预计于2月2日上午抵达，并即刻转乘飞机前往雅尔塔，不会再更动。若我们能在码头上相见，那实在是太好了。

“阿格诺”这个名字起得好，毕竟你我二人都是他的后代。

1945年1月2日

* * *

哈利法克斯勋爵从华盛顿报告，称发电报前一天，他见到了罗斯福总统，感觉总统“气色欠佳”。可是，罗斯福先生却说，他身体状况很好，非常期待我们的会面。总统说，他认为英国在希腊的行动具有重大战略意义，此行无法顺路访英，着实是一大憾事。日本很可能在太平洋发起自杀式空袭，这就意味着，日方每派出一名敢死队员，就要有四十到五十名美国人民陪葬，这着实让总统很是忧心。他认为，这两场战事不会在短时间内结束，必定是旷日持久的苦战。

看完这份报告，又考虑到其他一些因素，我突然非常希望，在我们与斯大林会面前，召开一次联合参谋长委员会会议，由我和总统其中一人主持，另外一人则列席参会。于是，我便就此事向罗斯福总统发报，内容如下：

首相致罗斯福总统：

1. 您是否方便在马耳他待两三天，让参谋长们能有机会私下交流？艾森豪威尔和亚历山大二人都会在场。我们认为，务必找机会讨论讨论那些跟苏联人没关系的事，比如日本问题、意大利军队将来的使用问题等，这都非常重要。只要您

没意见，剩下的安排都交给我们来做。

2. 此行您无法访英，实在令人遗憾。若您来英国之前，便先行访问法国，这着实会让我们伤心。说实话，对于最亲密的盟国来说，这样做未免怠慢了些。幸好，您只准备前往地中海和黑海，这样一来，便和参加德黑兰会议前的情形无异了。

3. 帝国总参谋长和我一道在凡尔赛待了两天，我们住在艾森豪威尔的指挥部，这两天过得有趣极了。戴高乐那天也正巧为南部地区（斯特拉斯堡）一事而来。你我二人身为政府首脑，早先便已收到他关于此问题发来的电报。我们几人开了个小会，艾森豪威尔对他非常慷慨，戴高乐对调整后的方案很是满意，此事便这样圆满解决了。

4. 现在，我正坐在艾森豪威尔的火车上，准备前去拜访蒙哥马利。整个国家都被冰雪覆盖，迫于天气状况，无法乘飞机出行。我希望能在周六回国。祝您一切顺利。

1945 年 1 月 5 日

起初，罗斯福总统认为，我们在马耳他召开预备会议的构想根本没机会实现。他说，若海上天气状况良好，2 月 2 日，他才能抵达马耳他，同天，他便必须启程飞往雅尔塔。唯有这样，才能赶在约定时间内与斯大林会面。他来电称：“您提议，在‘阿格诺’前夕，我们召开一次英美参谋长会议。然而，考虑到我此次行程的时间安排，很遗憾，此事怕是无法进行了。您能去前线视察战情，真是令我羡慕不已。苦于路途遥远，我怕是没法去前线了。”然而，我依旧坚持我的想法。各位读者想必还记得，12 月 6 日，我曾向罗斯福总统发报，谈到了我对西北欧行动的种种忧虑。直到现在，此事依旧困扰着我。英、美三军参谋长很有必要在我们抵达雅尔塔前先行会谈。我希望，英、美三军参谋长的主要成员能够比我们早两三天抵达马耳他，并前去战场实地考察。若战场情况允许，我还希望罗斯福总统能请艾森豪威尔

一并赴会。要是亚历山大也能来更是再好不过了。与此同时，各方外交部长或许也该举行一次类似的会议。斯退丁纽斯不久前才上任，不知总统此次是否会带他一道前来；莫洛托夫是否参会也未可知。虽说如此，我还是希望，在罗斯福和我抵达雅尔塔前一周左右，艾登、斯退丁纽斯和莫洛托夫三人，能在亚历山大港或是金字塔地区短暂会晤。

因此，1 月 8 日，我再度发报，向罗斯福总统说明以上提议后，我接着谈道：

> 我坚持认为，在我们抵达雅尔塔前，双方军事人员很有必要提前会面。毋庸置疑，在我们讨论政治问题、不需要军事意见时，他们便可借机在巴斯特堡一聚，共商战事。现在有许多问题悬而未决，会议召开前，最好还是提前把那些问题拿出来讨论一下。此外，我们的会议议程也确实要仔细安排下了。
>
> 在您看来，我们应在雅尔塔待多久？而今，盟国之间意见不一，战争日趋拉长，此次会议或将决定我们的命运。现在，我认为此次战争的结果，比起上次战争，恐怕更令人失望。

总统回复道，他已经向马歇尔、金和阿诺德下令，要求他们偕助手及时赶到马耳他，以便于 1 月 30 日上午同英国参谋长会晤。然而，斯退丁纽斯先生怕是无法参加预备外长会议了，他解释称他作为总统，已然离美在海上航行，因此，不便让国务卿也同时离开美国那么久。斯退丁纽斯将在马耳他与我们会合，并同我们一道参加三国会议。

文末，他说道："在我看来，我们在雅尔塔待的时间，最好不要超过五到六天。我们曾同'约大叔'（斯大林）定好了会面时间，若能办到，我非常希望能照此约定行事。"

照这样安排，总比什么都不做强得多。话虽如此，我认为，照此计划实施，时间依旧不够用。因此，我还是不死心，再度向总统发报。

首相致罗斯福总统：

1. 非常感谢您为联合参谋长委员会的预备会议所做出的努力。

2. 艾登特意请求我，望我向您建议，安排斯退丁纽斯同美国三军参谋长一道，提前四十八小时前往马耳他。这样一来，艾登便可提前同他讨论议程上的各项事宜。我相信，即使莫洛托夫不在场，此次会面也不会白白举行。我并不觉得，花上五六天时间，我们对战后世界组织种种期冀便能实现。就算是万能的上帝，也至少需要七天。我这般固执，还要请您多多包涵。

3. 您发给国会的咨文，我现已仔细读完。不瞒您说，这简直是一篇高妙之极的杰作。

祝您一切顺利。

1945 年 1 月 10 日

可惜，总统回复道，斯退丁纽斯先生在华盛顿公务缠身，实在是无法在 1 月 31 日前到场。不过，他承诺，将安排哈里·霍普金斯提前拜访英国，同艾登和我商讨相关事宜。1 月 21 日，霍普金斯飞抵伦敦，我们就三国会议上可能面临的部分问题展开了讨论。上个月，我们两国在希腊、波兰和意大利问题上产生了种种分歧，此时也一并拿出来解决了。这三天时间里，我们开诚布公，直言相向，讨论了不少事。据霍普金斯的记载，我发表意见时，如同火山喷发一样猛烈。然而，整场讨论最终还是非常令人满意的。霍普金斯说，我告诉他，根据报告来看，再花上十年也找不到比雅尔塔更糟的会议地点了。至少，总统的参谋们对此很是担忧，在我离开的那天，我收到了总统发来的电报，内容如下：

罗斯福总统致首相：

真正前往“阿格诺”的行程似乎比最开始知悉的情况要

困难得多。我将向先遣队打听打听，我离开马耳他后，下一步应该怎样走。

根据现有的消息来看，只要我们的日程安排一出炉，便必须即刻通知约大叔。

1945 年 1 月 29 日

现今，罗斯福先生已在海上航行，很难有人再打什么算盘。然而，没过多久，总统的预感竟不幸应验了。

* * *

1 月 29 日，我乘坐阿诺德将军为我准备的“空中霸王”式飞机离开诺索尔特。与我同乘一架飞机的有我女儿萨拉、各位官员、马丁先生、罗恩先生、我的私人秘书、海军中校汤普森。我的其他随行人员和一部分部门官员则分乘另外两架飞机。1 月 30 日，黎明前夕，我们抵达马耳他。到那以后，我听说，另外两架飞机中的其中一架在潘泰来利亚附近坠落，仅有三名机组人员和两名乘客获救，真是造化弄人啊。

飞行途中，我突发高烧。莫兰勋爵嘱托我卧床静养，于是，我便在飞机内的床铺上躺到了中午。后来，我搬到了“猎户座”号军舰上，又歇息了一整天。晚上起来，我感觉好多了，便同马耳他总督和哈里曼先生一起吃了个饭。

2 月 2 日晨，总统一行人乘着美国“昆西”号军舰，驶入瓦莱塔港。那天阳光温和，万里无云，我在“猎户”号的甲板上，欣赏着海上风光。美国巡洋舰从我们身旁缓缓驶过，向着码头边的泊位靠近，罗斯福总统坐在舰桥上，身影依稀可辨，于是，我们二人互相挥手示意。彼时，“喷火”式飞机在空中护航，礼炮齐鸣，港口轮船公司的乐队奏响了美国国歌，场面何其恢宏。我感觉自己身体状况好多了，完全可以在“昆西”号战舰上用餐。当晚六时，第一次正式会议在罗

斯福总统的客舱中召开。前三天，英美双方在马耳他就诸多军事问题展开了讨论，联合参谋长委员会就此向我们提交了一份报告。会上，我们审阅了这份报告，交流了他们的讨论成果。不得不说，英美参谋长讨论成果颇丰。他们主要讨论了艾森豪威尔的作战计划，即率军向前推进并跨过莱茵河。在其他章节中，我将提到，此计划招来了诸多反对意见。借此会议召开之机，我们审视了全局战事，包括对德国潜艇的攻势、将在东南亚及太平洋战场展开的行动、地中海的战情。虽然很不情愿，但我们还是答应，在希腊政府组建了本国军事力量的前提下，一旦希腊有两个师的兵力空闲，便立刻将其撤出该战场。此外，我们还要从意大利撤出三个师以支援西北欧战事。然而，我强调，若撤出的两栖作战部队过多，这绝对是不明智的。若是德国在意大利的某处部队投降，我们应当立即跟进，这点非常重要。我跟总统讲道，“若是苏联人太过贪心，在西欧过多强占土地，这显然不是什么好事”，因此，我们应尽可能在奥地利多占些地盘。此次会议上，我们就这些军事问题达成了多项决议，制定了不少措施。联合参谋长委员会的各位成员，也在同苏方人员交流前，明确了各自的立场，这点自是极为有利。

当晚，所有人都留在了“昆西”号上用餐。前几日，艾登先生和斯退丁纽斯先生提前将在雅尔塔会议上讨论的政治问题拿出来讨论。晚宴上，我们随便聊了聊这些政治问题。夜间，我们开始动身。总统本来只打算带三十五名随从人员同行。而后来，我们双方各带的人数都是这个的十倍。这样一来，英美两国代表团共有约七百人将奔赴雅尔塔。每隔十分钟，便有一架运输机起飞，经过一千四百英里航程，将代表团成员运至克里米亚的萨基机场。两个月前，英国已先行派遣一支空军分遣队前往萨基机场，完成各项技术方面的准备工作。而我，吃过晚饭后，便登上飞机休息去了。这趟航程，不仅漫长，更是阴冷极了。降落时，我看到，萨基机场淹没在厚厚的积雪之中。我比总统早到了些，便站在机场等了会儿。总统的随行人员扶着他，沿着“圣牛”号飞机的舷梯缓缓走下来，他看上去憔悴极了，身体状况极差。

随后，我们一同检阅了仪仗队，总统坐在敞篷汽车中，我则在他身旁步行。莫洛托夫和苏联代表团赶来迎接，于是，我们的代表团便同他们一道，走进了一个大营帐里，吃了些点心。

没过多久，我们便从萨基启程，乘车前往雅尔塔，这又是一段漫长的行程。莫兰勋爵和马丁先生与我同乘一辆车，我们提前准备了些三明治，在车上差不多吃饱了。途中，我们停在了一所房屋前，有人告诉我们，莫洛托夫早已在此等候多时。他准备了供十个人享用的丰盛午宴。很显然，总统一行人没注意到此地，已经不知不觉走远了。除了我们几个，这里便只剩下了莫洛托夫和他身边两位官员。莫洛托夫心情好极了，将苏联宴席上的美味佳肴一一奉上。于是，我们只得尽可能地装作还没吃过的样子，以免辜负他的一番好意。

八个小时的车程中，我们不时可以在道路两旁见到整齐列队的苏联士兵，这些人之中不乏女兵。这些士兵肩并肩站着，一些人守在村落街区里，一些人守着主要桥梁和山口，还有一些分遣队零星分布在其他各个地区。我们跨过高山，沿着黑海海滨一路下行，刹那间，温暖灿烂的阳光倾泻而来，气温也很快回升，真是舒适极了。

第二章

TWO

雅尔塔会议：谋划世界和平事宜

苏方热情款待——斯大林来访——奥得河和阿登战况——分割和索赔——罗斯福先生发表重要讲话——法国需要占领德国的原因——敦巴顿橡树园会议未竟之事——斯大林的看法——世界组织和大国团结一致——莫洛托夫接受新方案——苏联加盟共和国与世界组织——严肃又不失友好的谈话

苏联将其在雅尔塔的总部设在了尤苏波夫宫。斯大林、莫洛托夫以及苏联的各位将领们正是在此地处理政务，指挥苏方广阔前线上激烈的战事。罗斯福总统被安置在里瓦几亚宫内，离这不远，他的住处甚至比尤苏波夫宫还要恢宏些。总统不便多走动，为了照顾他，我们的全体会议都将在他的寓所举行。在雅尔塔，只要是完好无损的房屋，此时都被利用了起来。我和英国代表团的主要成员则住在五英里外的另一栋大别墅里。这栋别墅建于 19 世纪早期，由一位英国建筑师设计建造。它的第一位主人是曾担任过驻圣詹姆斯朝廷帝国大使的俄国亲王沃龙佐夫。

我的女儿萨拉、艾登先生、亚历山大·卡多根爵士、艾伦·布鲁克爵士、安德鲁·坎宁安爵士、查尔斯·波特尔爵士、陆军元帅亚历山大、阿奇博尔德·克拉克·克尔爵士、伊斯梅将军、莫兰爵士等人与我一道住在这间别墅里。英国代表团的其他成员则被安置在距我们二十分钟路程外的两间旅社，五六个人挤在一间屋子里，就算是高级军官也不例外。但是，大家对此并不介意。十个月前，德军才刚刚从周边一带撤离，周遭建筑物受损严重。同往常一样，苏联卫兵在我们的别墅周围严密守卫着。来之前，便有人提醒我们，只有别墅附近是

安全的，其他地方的地雷都还尚未完全排除。在我们来别墅前，一千多人在此地为我们奔忙。别墅的门窗是新近修补的，家具和物资更是临时从莫斯科运来的。

我们住所的环境极尽优美。别墅是半哥特半摩尔式风格。别墅后方，皑皑雪山纵横交错，克里米亚的最高峰清晰可见；别墅前方，黑海深邃广阔、一望无垠，虽正值寒冬，却隐约透出一股暖意，分外宜人。院门外，几尊纯白石狮庄严伫立；院外有一个精巧的花园，亚热带植被和松柏在园中交相辉映。餐厅里，有两幅画分别挂在壁炉两侧。我认得这两幅画，这正是威尔顿的赫伯特全家画像的副本。看来，沃龙佐夫亲王娶了这家的千金，顺便把这些画一并从英国带了回来。

为了使我们住得舒适，东道主可着实花了不少心思。我们随口说的话，都被仔细地记了下来。一次，波特尔欣赏一个种着植物的玻璃缸时，叹了句“可惜里面没有鱼”，结果两天后，金鱼就被送过来了。还有一回，忘了是谁随口说道，鸡尾酒里没有柠檬片。第二天，前厅里就种了棵柠檬树，树上果子还不少。想必这些都是从挺远的地方空运过来的吧。

*　　*　　*

2 月 4 日下午三时，也就是我们抵达后的第二天，斯大林来访。我们二人就对德战争一事相谈甚欢。德国粮食短缺、燃料不足、交通线严重受创，这让他对此战非常乐观。我问道，若是希特勒向南移动，比如向德累斯顿移动的话，苏联将作何反应。他回答道，“向前追击”。他谈道，现如今，苏军已在奥得河对岸占据了几个滩头阵地，而驻守在此的德国人民冲锋队却经验不足、组织松散、装备不良。因此，奥得河已经算不上是什么威胁了。德国人曾希望从维斯瓦河一线撤回装备精良的正规军，防守奥得河一线，然而，苏联装甲部队早已从其身旁绕过。当前，德国仅在此地驻有二三十支机动部队或战略储备部队，装备也很一般。虽然德国在丹麦、挪威、意大利和西线战场上有

不少精锐部队，但是，从整体情况来看，德军全线已支离破碎，现在只不过是试图补充战线上的各个缺口罢了。

我问斯大林怎样看待龙德施泰特对美国发起的攻势，斯大林称，此项调度实在愚不可及，纯粹是为了挽回面子，并且已经严重损害了德国的利益。德国军队已经满目疮痍，用这样的法子是救不过来的。德国最为杰出的那批将领，除了古德里安①这样一位冒险家以外，全数牺牲。若是德国能及时撤回驻于东普鲁士的几个师，或许柏林还能守住，可惜德国人太愚蠢了。德国仍有十一个装甲师驻扎在布达佩斯，但他们还未意识到，自己已经算不上是世界强国，也无法随意调度兵力了。或许他们能及时地醒悟过来，可即便这样，也为时已晚。

随后，我将他请到了我的地图室，房间里早已被皮姆上校挂满了地图。我大致讲述了我们在西线的情况以后，便请陆军元帅亚历山大讲了讲意大利的情况。听罢，斯大林的回应有趣得很。他说，德国攻击英国的可能性并不大。能否只在前线留个别师，其余部队则转移至南斯拉夫和匈牙利，进攻维也纳，并在此地与苏军会和，从侧翼进攻位于阿尔卑斯山南部的德国部队。末了，他补充道，这样一来，英国可能需要更多兵力。这个时候，过过嘴瘾又不会给他带来什么损失，我并未反驳什么。

我只说了句："苏军的攻势如此迅猛，怕是腾不出时间来等我们实施这些行动了。"

* * *

下午五点钟，罗斯福总统、斯大林与我会面。我们对当前的军事形势，尤其是苏联在东方战线的情况进行了回顾。会上，我们详细了解了苏军进展情况，为三军参谋长接下来要讨论到的内容大致制定了

---

① 海因茨·威廉·古德里安（1888—1954），德国陆军一级上将，杰出的军事家、军事理论家、统帅，装甲战的倡导者，著名陆军战术"闪电战"创始人。曼施坦因、隆美尔和古德里安被后人并称为第二次世界大战期间纳粹德国的三大名将。——译者注

一个框架。我提出，我们应当考虑这样一个问题，即德军从意大利转移八个师到与苏联对抗的前线，需要花费多长时间，我们又该如何应对。或许，我们应该从意大利北部调走几个师，以充实其他战场的作战力量。此外，还应考虑，我们是否要从亚得里亚海顶端发起攻势，穿越卢布尔雅那山峡，与苏联左翼部队会师。

会议进行得十分融洽。马歇尔将军简要介绍了英美部队在西线取得的辉煌战绩。斯大林说，1 月，苏联出于道义考虑，才发起攻势，与德黑兰会议所做的决定并无多大关系。这时，他问道，接下来他们应该提供何种援助。我回答，现如今，三国参谋长聚在一起，正是讨论盟国之间军事配合的好时机。

*　　*　　*

2 月 5 日，下午四时十五分，第一次全体大会正式开始。会议地点定在里瓦几亚宫。加上三位译员，参会人员共有二十三人，大家围着一张圆桌入座。随斯大林和莫洛托夫同来的有维辛斯基、麦斯基、苏联驻伦敦大使古谢夫，以及苏联驻华盛顿大使葛罗米柯、译员巴甫洛夫。美方以罗斯福总统和斯退丁纽斯先生为首，参会成员有海军上将李海、伯恩、哈里曼、霍普金斯、国务院欧洲司司长马修斯，以及国务院特别助理兼译员波伦。英国这边，除了在我身边的艾登，参会者还有亚历山大·卡多根爵士、爱德华·布里奇斯爵士、英国驻莫斯科大使阿奇博尔德·克拉克·克尔爵士，以及自 1942 年我第一次同斯大林在莫斯科会面起便担任译员的伯尔斯少校。

会议刚一开场，便讨论到了将来怎样处理德国的问题。而早在一个月前，我便将对此问题的看法悉数电告艾登先生。

首相致外交大臣：

1. 现如今，我们来决议对战后德国的处理方案还为时尚早。德国若是放弃抵抗，第一阶段我们要采取的行动便是对

德国实施严格的军事管制。管制时长可能是几个月，若是德国地下活动频繁，也可能管制一到两年。

2. 分割德国的一些实际问题尚未得到解决，譬如说，如何处理鲁尔区和萨尔区工厂等问题。在我们即将召开的会议中，我们将会讨论到这些事宜，但是否能达成最终决议，我就不清楚了。现在，还没有人能预言欧洲各国将会如何，大国间关系将怎样发展，人民又将持怎样的态度。我相信，激起如此多国家之仇恨的德国，一定会得到其应有的报应。

3. 每当内心深处浮现出“再次援助苦难德国”的念头时，我都深感震撼。不过，“勿要再让毒虫侵害欧洲心脏”的观点，我也明白得很。现如今，我们手头有一大堆事要做，我认为，虽然以上这些残酷的讨论和意见不合的情况或将出现，但我们还是不应妄加揣测。一个新的国会将会考虑这些问题，而我们根本无法预测其将持何种观点。

4. 在我看来，比起讨论德国对欧洲的长期关系，我们更应将精力集中于将会影响未来两三年的实际问题。我清楚地记得，上次战后，下议院和选民的野蛮观点让我震惊；彭加勒将法国人送至鲁尔区一事，又使我愤懑难平。然而，没过几年，议会和人民的态度又来了个一百八十度大转弯。美国借给德国几十亿美金。《洛迦诺公约》出台前，鲍德温政府后期的那段时间，由于德国已经无法对我们构成什么威胁，我们一直对德国采取宽容政策。然而，自那之后，情况骤然改变——希特勒势力开始崛起。在这之后，我再度发现，那时普遍流行的情绪，根本无法唤起我的共鸣。

5. 无论是在斗争刚刚结束时，或是在狂热之后不可避免地陷入冷静之时，这个出离愤怒、瑟瑟颤抖的世界所汇集的复杂情绪，三言两语又怎能概括得出。绝大多数人都会被这些令人敬畏的情感所支配，而不受这些情感所影响的人，不仅难觅知音，还将被社会的主流浪潮淹没。我们在这些平凡

的事情上，只能一步步地体悟道理，最多偶有突破。因此，在当前那些所有富有说服力的事实和势力全部显露出来之前，我们有必要将各种观点保留下来以供甄选。或许，在即将召开的三国会议上，我们能将这个问题看得更清楚些。

1945 年 1 月 4 日

这时，斯大林问该如何分割德国。在德国是设立单个还是多个政府，或是仅仅设立一些行政机构？若希特勒无条件投降，我们应当保留其政府或是拒绝同该政府建交？在德黑兰会议上，罗斯福先生建议将德国分割成五个部分，斯大林本人也表示赞成。而我却踌躇不定，仅希望将其分为两部分，即普鲁士和奥地利—巴伐利亚这两个部分，而鲁尔和威斯特伐利亚则交由国际共管。斯大林说，现在是时候做出最终决断了。

我说道，德国应被分割这一点，我们并无异议，但真要实际执行起来，实在过于复杂，怕是无法在五六天内完成。我们必须彻底审查其历史、民族和经济情况，并且要成立一个专门委员会，对上述情况再做细查，以判断各项建议的可行性，然后提出最终意见。我们要考虑的问题实在太多了：如何处置普鲁士？哪部分领土应划归波兰和苏联？谁来管辖莱茵河流域，工业基础雄厚的鲁尔和萨尔区又给谁呢？只有深入研究后，才能定夺。英国政府希望，能认真听听两大盟国的意见。此外，我们应马上设立一个专门机构，针对这些问题加以研究并生成报告，看完报告再做最终决断。

随后，我对将来的情况做了一番推测。若是希特勒或希姆莱前来请求无条件投降，那很明显，我们绝不会同战犯协商。若德国人只能派他们来的话，我们别无选择，只能将战争继续。然而，另一种情况出现的可能性更大些，即若是希特勒和他的同伙被杀或是失踪，其他人来向我们请求无条件投降，那么，三大盟国必将即刻讨论，决定这些人是否值得打交道。若答案是肯定的，那便将准备好的投降条件给他们看；反之，我们将继续战争，并对德国全境实施严格的军事管制。

谈到这，罗斯福先生提议，由三国外长在二十四小时内制订一份研究此问题的计划，一个月内完成分割德国的明确计划。由此，这个问题暂且搁置。

此外，我们还讨论了一些其他问题，但均尚未做出决断。总统问道，是否应该将德国的部分区域分给法国。我们一致同意，将英美所占领的一部分区域分给法国，外长们应将此区域的管理事宜一并考虑在内。

接着，应斯大林的要求，麦斯基详细阐述了苏联制定的德国赔款方案，及拆除德国军工厂的计划。我评论道，上次战后，我们已有过类似经验，然而结果并不乐观。麦斯基提出的德国赔偿数额，在我看来，不应仅交给苏联。在这场战争中，英国也同样遭受重创：许多建筑惨遭破坏，多家外国企业撤资，正想方设法提升出口额以满足我们赖以生存的粮食进口之需。德国赔款是否能减轻我们的这些负担都是未知数。除我们以外，其他一些国家亦受损严重，怎能不将这些国家考虑在内。若是德国为此遭受饥荒，又该如何？难道我们要将之视为罪有应得，袖手旁观吗？抑或是对德国加以援助？若是选择后者，谁来当冤大头？斯大林说道，不管我们是否要求赔偿，这些问题早晚都会出现的。我反驳道，不给马儿吃草，怎么叫它拉货。最终，我们协定成立一个专门委员会，在莫斯科秘密审查苏联的这份提案。

随后，我们对第二天的会议做出了安排，且考量了我们将要讨论到的两个主要话题，即事关全球安全的敦巴顿橡树园计划以及波兰问题。

* * *

在第一次全体大会上，罗斯福先生发表了重要讲话。他谈道，为了维护世界和平，美国愿将一切应尽的责任尽数承担，然而，欧洲距美国三千英里，在此长期驻扎大批军队花费确实太大，因此，美国只会在其占领区内驻守两年。听罢，我如临深渊，若是美国人离开欧洲，

英国便需独立管辖整个西德，此项重任我们实在是无力承担啊。

为此，2 月 6 日第二次全体大会刚一开始，我便竭力敦促法国同我们共同分担此项重任。然而，仅将占领区的一部分区域分给法国是远远不够的，德国必将再度崛起，而美国人迟早会撤离德国，这样一来，法国又将与德国比邻。因此，一个强盛的法国对欧洲和英国来说都具有重大意义，它可以凭一己之力防止任何人在英法海峡间安设导弹发射场，还可以组建军队来牵制德国。

随后，我们转而开始讨论该如何维护世界和平的问题。罗斯福总统称，在美国，决定权在人民手中。若是敦巴顿橡树园会议上的提案或是与之类似的方案能被采纳，美国极有可能全力维护世界和平，毕竟，美国人广泛支持建立一个这样的世界组织。然而，我在前文也曾提到过，敦巴顿橡树园会议结束时，在联合国安全理事会的表决权这一至关重要的问题上，我们之间尚未达成一致意见。

1944 年 12 月 5 日，罗斯福总统曾向斯大林和我提出了一份新方案，详细内容如下：理事会的每位成员都应享有投票权。表决某项决议时，十一国中，有七国及以上投赞成票时，该项决议才可通过。由此，这一过程便足够详细了。然而，若是碰上吸收新成员国或是驱逐原成员国、阻止或解决争端、管控军备、提供武装力量等更为重大的事宜，则需要所有常任理事国一致表决通过。也就是说，只有获得“四大国”的一致批准，安全理事会才可掌握实权。若是美国、苏联、英国、中国之中有一国反对，成员国通过的决议将被否决，且理事会的一切行动皆可被叫停，这便是一票否决权。

在罗斯福先生的提案中，还有一点也极为精妙：若出现争端，可通过和平方式解决，即获得七个赞成票且四个常任理事国必须一致同意。若某项争端与某个理事会成员国（含“四大国”）相关，则该国只有讨论权，无表决权。2 月 6 日，斯退丁纽斯在第二次全体会议上重提了上述方案。

* * *

斯大林称，他现在还没完全弄懂这项提案，事后他必将仔细研究研究，看看是否能全弄明白。他说道，现在三大国虽是同盟，谁又能保证将来不会反目成仇。十年后甚至是十年内，三国的现任领导人将会退位，下一代领导人将会接任掌权。而下一代领导人并未经历过战争，我们所经历的一切他们又怎能记得住。斯大林表示："我们三国都希望，至少在接下来的五十年里，世界和平没有战乱。若是我们团结一致，德国便不足为惧。若我们几国之间起了冲突，才当真是最危险的。因此，现在我们必须考虑：在将来，怎样将我们团结一致的局面维持下去；怎样才能保证三大国（或许再加上中法两国）能保持一条统一战线。我们必须出台一些体系，以防止主要的强国之间出现争端。"

随后，斯大林表示，迫于种种事宜，迄今为止，他都还没能详细研究完美国的这份提案，实在是深感抱歉。在他看来，此项提案将所有的争端归为两类：一是需要通过经济、政治或是军事制裁解决的；二是可通过和平手段解决的。这两种解决方式都需要我们充分加以讨论。制裁手段只有经由全部常任理事国表决通过后方可实施。若争端与某个常任理事国相关，该常任理事国依旧可以参加讨论，并享有表决权。而利用和平手段解决争端时，卷入争端的理事国无表决权。他说，有人指责苏联在表决一事上发表了太多意见，这话倒是没错。苏方认为，大小事宜都要经由表决来加以决断，可见表决一事是多么重要，他们自然也是非常关心表决结果的。假如说，中国成为安全理事会的常任理事国，并决议收回香港；或者说，埃及要求收回苏伊士运河，斯大林认为，若是上述情况出现，这些国家绝不可能孤立无依，在联合国会员国或是理事会中，必然会有这些国家的支持者，抑或是捍卫者出现。

我谈道，照我对提案的理解，若是英国坚持己见，拒绝投赞成票，

那么，此世界组织是无法违背英国的意愿行事的。

斯大林问道，是真的吗？我确定地回答，没错。

这时，斯退丁纽斯先生进一步证明，未经所有联合国常任理事国一致同意，任何制裁手段都不得实施。这种情况下，我们更建议通过仲裁等和平方式来加以解决。

斯大林说，他担心苏伊士等问题上的争端，可能会影响三大国的团结。

我回答道，这些风险我不是没有察觉的。然而，国与国之间的正常外交往来，不论是大国还是小国，世界组织是绝不会横加干涉的。世界组织自成一体，独立于各国之外，其成员国之间仍可以自由交流。若是在世界组织里提出这些可能破坏大国关系的话题，真是愚蠢极了。

斯大林说："莫斯科的各位同仁不会忘记，1939 年 12 月，苏芬战争期间，英法两国利用国际联盟来反对我们，成功孤立苏联，并把苏联逐出联盟。后来，他们还动员各国反对苏联，并鼓吹要发动十字军征讨苏联。难道我们不应该得到一些保证，确保此类事件不再重演吗？"

艾登先生指出，若是照美方的提案实施，这些皆可避免。

斯大林问道："能设立更多保障吗？"

我答，已经出台了保障大国团结的专门条款。

斯大林应声说："今天，我们才第一次听说。"

我承认，各国被煽动起来，共同针对某个大国的风险确实是存在的。我只能说，即便如此，正常外交手段也不会丧失其原有作用。就比如说，若是英国被针对，我相信，罗斯福总统一定不会来讨伐英国，也不会在背后用什么阴招。反之，总统一定会想尽办法结束这种局面。同样地，我也确信，斯大林元帅不会不同我方沟通，寻找妥善解决问题的方法，就开始声讨英国。

"这倒没错。"斯大林回应道。

罗斯福先生说，将来大国间必定会产生一些分歧，这些分歧是各国都清楚的。在联合国大会上，我们自会将其拿出来讨论，然而这样

做并不会加深各国矛盾。反之，开诚布公地讨论，不仅彰显了各国间的信任，也展示了我们解决此类问题的能力。这非但不会离间我们的关系，反而会使我们更为团结。

斯大林也表示同意，他承诺将仔细研究这份方案，明天再接着讨论这个问题。

* * *

次日下午，我们再度会面。莫洛托夫接受了这份新方案，他解释道，在敦巴顿橡树园时，为使三大国在战后能将团结一致的关系延续下去，苏联人可谓是倾尽全力。苏方认为，此次会议上出台的新提案，将为所有大小国家之间的合作提供保障。现在，他们对新的表决程序非常满意，在这样的条款之下，三个大国必须共同进退。只是，现在还有一个问题亟待解决：隶属于苏联的其他加盟国家是否能够成为世界组织的成员国？在联合国大会上是否享有表决权？在敦巴顿橡树园上，我们曾讨论过这个问题，现如今，他又提出了新的要求——在苏联的加盟共和国中，若是能有三个或至少两个加盟国家，譬如乌克兰、白俄罗斯、立陶宛，能成为联合国的创始成员国，苏联代表团便会更为满意了。在这场战争中，这些国家是第一批被侵占的，他们都做出了巨大贡献，同样，也付出了不少的牺牲。英联邦的自治领已然逐步走向独立，对苏联来说，这显然是个典范。因此，苏方决定转而提出这个影响小得多的建议。结束时，莫洛托夫谈道："我方完全赞成罗斯福总统所做的表决权提案。不过，我们请求，苏联之中的三个，至少两个国家，能成为此世界组织的创始成员国。"

听罢，我们大家都松了一口气。紧接着，罗斯福总统便向莫洛托夫送上由衷称赞。

总统说道，下一步，便是将各国召集起来了。什么时间集合？又该请来哪些国家？在苏联，多数人都分属不同的共和国管辖；英帝国也有许多下属的自治领，彼此间相距甚远；美国则是一个独立的整体，

只有一个外交部长，并无殖民地。而其他国家，譬如说巴西，领土面积介于苏联和美国之间，其领土另一头还有许多非常小的国家。这样来看，我们是应该继续坚持一国一票，还是在联合国大会上，分给大国更多票数呢？照总统建议来看，以上问题交由三国外长负责是最好不过了。

斯大林接受了罗斯福总统此项关于表决权的提案，着实算得上迈出了伟大的一步。轮到我发言时，我同样对斯大林表示了感谢。我说道，刚刚达成的这项协议，将把全世界人民从担忧中解放出来，亦将赢得全世界人民的欢心。莫洛托夫的建议，着实推进了我们的讨论进程。罗斯福总统也谈道，英美两国在表决权上，所处的立场是全然不同的。英国有四个自治领，在过去的二十五年中，自治领在 1939 年解散的世界和平组织中做出了不可磨灭的贡献。为了和平、为了民主，他们可谓竭尽全力。1939 年，英国对德宣战。这四个自治领清楚，相比起德国，我们自是处于弱势。可是，他们还是义无反顾地加入战争。在此事上，我们根本无法强迫什么，一切都是他们自己的选择，我们最多只能在极小部分问题上同其进行沟通。在过去的二十五年间，他们所做出的贡献苍天可鉴，若是任何组织想将其应有的地位抹除，我们是绝对不会允许的。鉴于此，我倒是非常能理解苏联政府的提议。强大的苏联斗士，虽伤痕累累，依旧奋勇出击，将阻碍前进道路的暴君斩于马下，这令我动容。在英联邦宪法安排下，联合国大会上，会听到来自英联邦的多个不同的声音，我明白，拥有一亿八千万人口的国度，对此持有疑虑着实在所难免。因此，听到罗斯福总统在发言中并没有明确拒绝莫洛托夫先生的请求，我很高兴。

虽说如此，我依旧表明，绝不会越权行事。我将找时间同艾登先生沟通一下莫洛托夫先生的提议，或者致电回国，问问内阁的意见。请原谅我，无法在当天给出一个明确的答复。于是，我们一致同意将此问题交由三国外长讨论。此外，罗斯福先生提议，将各国召集起来，在 3 月会面并正式成立此世界组织。我表示，对德作战的高潮期正是在 3 月，因此我对此项提议有所疑虑，但眼下暂不反对。

*　　*　　*

当晚，我深夜致电艾德礼先生，电文如下：

首相致副首相：

今日的会谈情况乐观得多，苏联人全盘接受了美方所提出的“敦巴顿橡树园”组织提案，并表示，能做出这样的决定，主要是由于听过我们对此方案的解读，他们认定，确实可以由衷地接纳此项提案。此外，他们还将之前所要求的联合国大会的十六个表决票缩减到了两个。苏方之所以一定要将白俄罗斯和乌克兰列入这个新世界组织的创始成员国，是因为其认为这两个国家在战争中遭受重创，贡献颇丰。很显然，站在美国的立场来说，支持这项提议要面对的困难可不少。然而，罗斯福总统却并未明确对此表示拒绝。他建议3月在美国召开一次联合国会议，并将此问题拿到会上讨论。

在我看来，我们的立场就多少有些不同了。英联邦将会在联合国中拥有四到五个成员国席位，若是加上印度，便有六个。而苏联却仅有一个席位，自然会在联合国大会上针对此类问题提出更多要求。考虑到在其他方面，苏联要么已经做出了重要让步，要么则将多加退让。我认为，在此事上，英国还是对苏联表示支持为妙。除主要席位外，他们只另外要求了两席，这并不算太过分。这样一来，英国便不是唯一一个享有多个表决票的国家了，据我判断，此举对我们是很有利的。

当前，我仅恳请内阁授权，无论是在此会议上，或是在3月将于美国召开的会议上，当要对此问题做出最终决断时，英国能对苏联表示支持。我相信，内阁必将会赋予我们这项权力，而使用与否则将视具体情况而定。很久以前，我们在

寇松线问题上也承诺将支持苏联。此次对苏联所做的这项承诺，其性质同上次一样，算是君子协定吧。

若苏联所提出的这项增加创始成员国的要求能通过，或是基本通过，那么，三国便会就敦巴顿橡树园上所有问题达成一致，一切事宜都将尘埃落定。我认为，此项决议无论如何都能通过。若是通过，这该被视作一件大好事，美国人可以对此加以充分利用，以发挥其政治作用，巩固自身主导地位，增强国际影响力。这也是此世界组织计划的重要组成部分……

赴会之前，我们并未抱有什么美好的期冀，也做足了面对风险的心理准备。出乎意料的是，到目前为止，雅尔塔之旅一切进展顺利。此地好似简版的里维埃拉，沿山崖边的滨海路蜿蜒而行，一眼望去，绿意盎然。别墅和宫殿几乎未曾受损，这是帝国时代所遗留的贵族痕迹。东道主费了不少力气，专门从莫斯科运来家具，供我们使用，苏联慷慨至极，超出我们的想象。它不惜一切代价，在几天之内便修好了管道，修缮了道路。今天，所有的参谋长都去巴拉克拉瓦战场①观光了，算是放一天假。我们同苏联朋友交谈时，并未特意强调这件事。

时间紧迫，若无异议，我便将照此封电报上的内容行事。

1945 年 2 月 8 日凌晨 2 时 49 分

* * *

很快，剩下的细节问题都得到了解决。2 月 8 日下午，我们再度相聚。此次，苏联所提出的增加两个国家作为联合国创始国的要求获

① 巴拉克拉瓦战场，克里米亚战争（1853—1856）的其中一个战场。此战中，俄国是英法等国的对手。——译者注

得了我们的一致同意。此外，我们协定，此世界组织的第一次会议将于4月25日（星期三）正式召开。此次会议的参会国仅包括3月1日前对共同的敌人宣战的国家，或是已经签署了联合国宣言的国家。斯大林谈道，这意味着，许多并未积极参战，对此次战争持观望态度的国家也会被邀请参会。我同意这一观点，但是，这对德国的士气也是一种打击。

* * *

当晚，受斯大林之邀，我们在尤苏波夫宫共进晚餐。晚宴上，我们所讲的话都被记录了下来，在此附上我们的发言。

其中，我讲道：

> 我不会用华美的辞藻来刻意恭维，说实话，我们打心底里认为，斯大林元帅代表着我们的希望，说他是最伟大的人也毫不为过。历史上，骁勇善战的胜者不在少数，但这其中，同时是政治家的却不多。多数人，在解决战后问题时，便将辛苦得来的战果丢了个干净。我由衷祝愿，斯大林元帅健康长寿，带领苏联人民，帮助我们所有人，摆脱战乱之苦，早日步入美好新生活。这位伟人不仅在苏联享有盛名，且享誉全世界。我能同他成为亲密好友，让我在行走世间时似乎拥有了更大的勇气和更多的希望。

斯大林的祝词实在过誉。他说道：

> 我提议，为全世界最有胆识的首相——大英帝国的领袖，举杯！他集政治才能与军事领导力于一身。在欧洲各国纷纷向希特勒俯首称臣时，英国站了出来，以一己之力与德国相抗衡。他说，即使遭到现有盟国和潜在盟国的背弃，英国也

将坚持战斗到底。让我们为这位百年一遇的伟人干杯！为这位高举大不列颠旗帜不倒的英雄干杯！祝他健康长寿！我的所感所知都凝聚在现在我说的这些话里，这都是我的心里话。

后来，我谈到了一些沉重的话题：

我必须说，即使是在最灰暗的时期，我也从未像在此次会议上一样，感到自己肩上的担子竟这么大。从元帅的话中我们可以看出，现如今，我们正处在悬崖之巅，抬头眺望，美好的远方一览无余，但切勿低估眼前的困难。过去，遭受五至十年的战争之苦后，许多国家分崩离析，战友相隔难寻。百万劳苦大众就是这样深陷战争深渊，在循环往复的战争中重复着悲苦的命运，靠流血牺牲换取安定。现如今，我们终于有机会纠正老一辈人的错误，确保后世和平。人民渴望和平，渴望幸福安定。一家能否团圆？战士可否回乡？残破的家园能否重建？劳苦大众能否找到自己的家园？保家卫国固然光荣，然而，还有比这更艰难的战斗等着我们上阵。穷苦的人民梦想着和平，我们应利用这所向披靡的力量，抵抗侵略，保护人民免受侵害，帮助苦难的人民圆梦。我们杰出的美国总统和斯大林元帅，是和平的守卫者，承载着我的希望。他们摧毁了邪恶势力，并将继续领导我们对抗贫穷、走出迷惘、远离混乱、反抗压迫，这便是我的心愿了。英国也不会落下，我们同样会为此而不懈奋斗，需要帮助时，英国定会尽己所能。元帅谈到了未来，这自然最为关键。否则，千万战士的流血牺牲便会白费。我提议，为胜利而干杯，为和平的光辉洒满每一寸土地而干杯！

斯大林响应了我的发言，我从未料到，他是如此健谈。他又讲道：“我像个老头一样唠唠叨叨，讲个不停。我依旧要为我们的同盟举杯，

希望盟国永远亲密无间，开诚布公。纵观外交史，我们的三国同盟怕是关系最为密切的了，彼此毫无避讳，直言相待。我知道，有些人会觉得这些话似乎太过天真。

“盟国之间互不欺瞒，这样的想法或许有些幼稚？经验丰富的外交家可能会说‘为何不能对同盟有所隐瞒呢？’但是，我就是天真地认为，即便盟国愚钝不堪，我也最好不要欺瞒什么。或许，我们之所以能维持这般坚不可破的同盟关系，便是因为我们从不欺瞒彼此，或者说骗过彼此也不是那么容易的事。祝我们的同盟关系坚如磐石、牢不可摧！愿我们永远对彼此坦诚相待！”

他接着说道：

> 为那些为战争效力的人干杯！只有在战争期间，他们才会得到人们的认可；战争结束后，他们所付出的努力很快便会被人们忘却。战争期间，他们不仅会获得同性的支持与尊敬，女士们也会抛来橄榄枝。而战争一结束，他们便立刻淹没在人群中，女士们也离他们而去。
>
> 为军队的将领们干杯！

他很清楚，我们前进的道路上，有不少绊脚石。

> 这些天里，欧洲历史已然发生了改变，并且是一次巨变。战争中，主要大国结成同盟是好事，若是没有这样的同盟，根本不可能在战争中取胜。为了抗击共同的敌人而结成同盟，自是合情合理，也不难理解；战后，为了长久的和平安定，为了保住胜利的果实，依旧保持着同盟关系便要困难得多。我们团结抗敌，这自是一件好事，却也不难办到。此外，这些天里，敦巴顿橡树园遗留的工作终于圆满完成。我们为保障安全，增强了和平力量，奠定了法律基础，这是一项壮举，这是一个转折点。

我提议，为敦巴顿橡树园议题的圆满结束而干杯！愿我们迫于战争压力结成的同盟，在战后依旧坚不可摧！我们各国不应只关注本国事务，也应牢记，除了本国的问题外，我们还有共同的事业。因此，我们应像战争期间一样，始终团结一致，积极致力于和平大业！

就连莫洛托夫也来了兴致，他说：

我提议，让我们为陆海空三军将领干杯！比起我们，他们更早步入战争，他们重任在身，饱经苦难。我们必须承认，他们圆满完成了任务。祝愿他们赢得胜利，迅速结束欧洲战事。而后，盟国的胜利大军便可踏入柏林，让我们的旗帜在柏林上空高高飘扬。敬英国陆海空三军代表！敬陆军元帅布鲁克、海军上将坎宁安、空军中将波特尔、陆军元帅亚历山大！

*　　*　　*

正是在这般热忱的气氛中，我们纷纷入座宴席。这时，斯大林跟我聊到了一些往事，部分谈话内容被记了下来。

他回忆道："芬兰战争开始时的情形是这样的：芬兰国界线距列宁格勒（他总叫这儿'彼得堡'）约二十公里。苏联要求芬兰将国界线向后挪三十英里，并将提供北部的领土作为交换，芬兰拒绝了。后来，苏联一些边防兵被芬兰人射杀。边防部队将此事上报给苏军，苏军便向芬兰人开火了。此事也上报给了莫斯科请求指示，反馈回来的消息中，便有还击的命令。苏联人并不想和芬兰人打仗，然而，事情一发不可收拾，战争也随之展开。

"若是 1939 年，英法两国派遣代表团访问莫斯科时，能够诚心跟苏联达成协定，那么苏联政府也就不会同里宾特洛普签订协约了。

“1939 年，里宾特洛普告诉苏联，英国人和美国人不过是商人罢了，绝对不会参战。

“像现在，我们三大国团结在一起，便没有任何国家能伤得了我们半分。”

第三章

THREE

苏联与波兰：苏联的承诺

总统的远见——英国的方针——新边界和自由选举——两个波兰政府对立——斯大林发表演说——寇松线和西部奈塞河——苏联对波兰地下军提出抗议——危机：各方意见冲突——英美草案——成立波兰政府——会议转折点——盟国统一与公众批判——斯大林承诺举行自由选举——莫斯科会晤的计划——雅尔塔宣言的终稿

纵观雅尔塔会议的八次全体大会，至少有七次提到了波兰问题。在英国的谈话记录中，单论斯大林、罗斯福和我之间就这一问题的讨论，就能找出接近一万八千字。三国外长及其下属官员也同样就此问题多次展开紧张而周密的讨论。我们在他们的帮助下，终于出台了一份宣言，这份宣言不仅是对世界各国的承诺，也是为我们将来的行动而定的协议。一波三折的故事尚未完结，真实情况也并非人尽皆知。然而，在此记录倒数第二次战时会议所发生的情况，或许能让各位对我们所做的努力有个公正的评判吧。由来已久的老难题数不胜数，此时却又亟待解决。苏联所支持的波兰卢布林政府，或者说是苏联人爱叫的“华沙”政府，将伦敦的波兰政府视作眼中钉。10 月，我们在莫斯科的会面结束后，这两个政府之间的关系别说缓解了，反而是愈发紧张。苏联军队如潮水一般涌入波兰。波兰地下军队遭到了大量指控，时而被控诉谋杀苏联士兵，时而又被控诉在苏联后方大肆破坏，攻击苏联，切断交通线。然而，西方大国却完全没有收到任何有关消息。在意大利和西方战线上，超过十五万波兰人正在英勇奋战，为彻底击溃纳粹部队而抛洒热血。他们，以及分散在欧洲各地的波兰人，虽然自己选择了流亡生活，在此期间也贡献颇丰，但他们还是迫切渴望着

祖国能早日解放，他们能早日回到自己的故乡。流亡在美国的一大批波兰人也是一样，急切地等待着三大国处理此问题的结果。

我们所讨论的焦点问题可归纳如下：

1. 怎样组建一个波兰临时政府。

2. 何时举行自由选举，选举又将采取何种形式。

3. 怎样解决波兰的东西边界问题。

4. 苏联军队正向前推进，其部队后方和交通线又该如何保障。

*　　*　　*

各位读者想必还记得，在前文中，我将罗斯福总统和斯大林关于波兰问题的电报往来记载了下来，我本人自然也偶有参与。之所以要如此急切地召开雅尔塔会议，波兰问题是一大主因。而后，事实证明，波兰问题也是三国同盟破裂的首个重要原因。

2 月 6 日，我们的会谈刚开始，罗斯福总统便谈道，他来自美国，能从一个较远的视角来看待波兰问题。约有五六百万波兰人居于美国，这些人大多都是波兰逃亡者的第二代子女。他们普遍支持以寇松线为界，也知道不得不舍弃波兰东部了。于是，他们希望得到一些补偿，可以是东普鲁士和德国的部分领土，或者至少给点其他的也可以。正像他曾在德黑兰会议上所提到过的，若是苏联政府做出一些让步，譬如说，让出利沃夫和一些产油区来平衡波兰的哥尼斯堡之损，整件事情对他来说，就好办多了。这还算不上最关键的问题，重中之重在于，成立一个永久的波兰政府。各方普遍认为，美国并不会承认卢布林政府，因为此政府仅能代表波兰的一小片区域和少数人民的立场，而波兰真正需要的是能维护整个国家统一的政府，或许，这个政府会从波兰的五个主要政党之中产生。

伦敦的波兰政府或卢布林政府的成员，罗斯福都不认识。然而，

米科莱契克访问华盛顿时，其正直诚恳给他留下了深刻印象。他希望，即使波兰将成立的仅是一个临时政府，也要代表着广大波兰人民的意愿，能够获得多数波兰人的支持。组建这个政府的方法不少，比如说，先设立一个小型总统委员会暂行政府之职，往后再建立一个更为长效的机制。

随后，我谈道，我有责任来谈谈英国政府的立场。在议会和公共场合，我都曾再三声明，我坚决支持苏联所提的寇松线方案，也将遵从苏联政府对寇松线的解读结果，即利沃夫划归苏联。为此，我和英国外长没少受到来自议会和英国保守党的谴责。即便如此，我依旧坚定地认为，在反抗德国、保卫国土的过程中，苏联损失惨重；在解放波兰、驱赶德国侵略者的战斗中，苏联厥功至伟。现在，苏联提出这些要求，并非仗势欺人，而是其应得的权利。话虽如此，若是苏联能对比其弱小得多的国家更慷慨些，就像总统提议的，出让部分领土，那么这一壮举必将得到我们的赞美，我们也将向苏联表示由衷钦佩。

然而，这些特定的边界问题，远不如一个强盛、自由、独立的波兰来得重要。我希望，波兰人民能自由自在地过上他们理想中的生活，而这也正是我曾多次听斯大林元帅无比坚定地说起过的目标。元帅关于波兰主权、独立和自由的声明深得我的信任。因此，我并没有把边界问题看得比这还重。一个自由的、具有独立主权的波兰，对于英国和整个英联邦来说，才是重中之重，这也同样是我们对抗德国的意义所在。

想必各位都清楚，1939 年，英国连作战装备都没配足，就上了战场，着实冒了极大的风险。我们孤注一掷，不惜搭上整个帝国，甚至整个民族的命运。在波兰问题上，英国享受不到任何实质利益。之所以拔剑而起，帮助波兰反抗希特勒的残忍屠杀，纯粹是为了荣耀。任何无法让波兰成为自由独立的主权国家的方案，我们都绝不会接受。波兰必须自己当家做主，按照自己的意愿行事。波兰或是任何波兰团体与德国私通，意图对抗苏联的举动，绝不是我所指的自由。即将成立的这个世界组织，是绝不会容许上述事件发生的，若真出现这种事，

也不会让苏联独自应对。

现如今，波兰有两个政府，我们对这两个政府的态度却出现了分歧。我还从未见过任何在伦敦的波兰政府的现任成员。英国虽承认了此政府，却并未与其合作。此外，米科莱契克、罗默、格拉布斯基三人正直诚恳、判断力强，我们虽未有官方联系，私下里关系却极为亲密友好。现如今，三国同盟正带着同样的希望，为了伟大的事业而共同奋战，若是因为波兰这两个互相对立的政府而反目，岂不是会遭人耻笑。难道不能在波兰的全面自由选举开始前，先暂为波兰成立一个可获得三方共同承认的政府或是行政机构吗？这样一来，此政府便可以为选举做些准备工作，以便波兰人民以自由选举的方式产生其立法机关和行政机构。若此事能成，那我们在欧洲中部地区的和平与繁荣事业便有了突破性的进展。我表示，我相信在苏军为胜利向前推进的同时，后方交通线一定会得到可靠保障。

* * *

短暂的休会之后，斯大林做了发言。他谈道，英国政府将波兰问题视为荣誉之战，他是可以理解的。然而对苏联来说，此战不仅关乎荣誉，更与国土安全息息相关。关乎荣誉，是因为苏联和波兰纷争不断，苏联政府希望此类争端的根源能被剔除；关乎安全，这便不仅是因为波兰与苏联相邻，还因为自有历史记载以来，凡是进攻苏联的敌人，皆会从波兰借道。过去的三十年间，德国已经两度借道波兰，而这一切都是因为波兰太过弱小。因此，苏联希望波兰能日渐强盛，这样一来，波兰便再也不必被迫作为敌军的通路了。苏联虽可从外部帮波兰封死这条通路，国内却只能靠波兰自己努力了。对苏联来说，此问题关乎生死存亡。苏联政府同沙俄政府不同，沙俄政府只想镇压波兰，同化波兰；苏联则希望同独立的波兰建立友好往来。苏联希望看到一个独立、自由、强盛的波兰，苏联所持立场皆以此为根基。

随后，他针对罗斯福先生和我所提的一些问题做出了回应。他说，

总统提议，对寇松线一界做出修改，即将利沃夫或许再加上其他特定区域划归波兰。我也曾提过，这是慷慨的表现。然而，寇松线是由寇松、克雷孟梭和美国代表在1918年会议上划定的，苏联并不在参会国之列，所以，这条线和苏联并没有什么关联。其实，寇松线的划分并未遵从民族学的要求，苏联人民并不乐意接受。从前，列宁便是拒绝接受的，他说他并不希望将比亚韦斯托克的省市划给波兰。相比列宁时期来说，苏联现在已经做出了很大让步，若是有人想将寇松和克雷孟梭承诺的领土再削减一部分，就实在有些不道德了。要是乌克兰人来访莫斯科，他们一定会说，在捍卫苏联一事上，斯大林和莫洛托夫还不如寇松和克雷孟梭称职。要真这样做，倒不如晚点结束战争，虽然苏联为此要付出更大的牺牲，但至少波兰能从德国身上多捞回点本来。10月，米科莱契克来访苏联时曾问道，苏联能将波兰西部边界线定在何处，听闻苏联打算将西部边界线延伸至尼斯河一线时，他很是满意。斯大林说，奈塞河有两条，一条在布雷斯芬附近，另一条则更靠西些，他所指的是后者，他请求大会通过他的提议。

*　　*　　*

随后，斯大林指出，未经波兰人民同意，我们不能擅自成立波兰政府。我访问莫斯科期间，米科莱契克和格拉布斯基也来了。来之前，他们已经和卢布林政府见过面，并已在某种程度上达成协议。米科莱契克本以为，他此行去过伦敦后还能再回来，然而事与愿违，仅仅因为米科莱契克愿意同卢布林政府达成协议，他便生生被同僚驱逐了出来。伦敦的波兰政府一直对卢布林政府满怀敌意，说卢布林政府是土匪和罪犯的同伙。卢布林政府便也只能以牙还牙。现如今，再想从中调和，可就太难办了。

卢布林政府或者说现在应该叫作华沙政府，并不愿再和伦敦的波兰政府打交道。他们曾告诉斯大林，华沙政府可以接纳泽利戈斯基将军和格拉布斯基，但决不答应米科莱契克担任总理。斯大林原话是这

样的："要是乐意的话，就去和他们谈谈。我可以安排您在此处或是在莫斯科同他们会面。不过，他们和戴高乐一样，都崇尚民主，他们能维护波兰的和平，叫停内战，保护苏军。"这些都是伦敦的波兰政府做不到的。二百一十二名苏联士兵死于伦敦的波兰政府特工之手。这些人和波兰地下反抗组织保持着联系，武器装备也是靠抢劫军火库得来的。他们的无线电台根本就没有注册，使用无线电台时也未获得任何许可。卢布林政府成员对我们帮助颇大，伦敦的波兰政府却老跟我们使阴招。对苏军来说，后方的安定极为重要。身为军人，他只会支持能够为苏联后方提供可靠保障的政府。

*　*　*

夜已深，罗斯福总统提议，今天的会议先告一段落，明天再继续。然而，我认为有一点必须说清楚，英国和苏联政府对波兰的情报来源不同，所了解到的情况亦是各异。据英方得来的情报估测，若是波兰人民能够自由表达意见，则支持卢布林政府的不超过三分之一。这一数据或许在某些细节上会有所差池。我郑重地同斯大林谈道，我们非常担心波兰地下军队和卢布林政府起冲突，这意味着仇恨、杀戮、拘禁、放逐。由此，我们急切渴望各方能早日达成共识。波兰问题已然是个大难题，而波兰地下军队和卢布林政府的冲突只会使其难上加难。我们承认，攻击苏军者自是不能放过，然而，根据我所了解到的事实，我认为，卢布林政府无权自称为波兰人民的代表。

此时，总统急于结束讨论。他评价道："五百多年来，波兰一直是祸乱的根源。"我接道："正因如此，我们更应该快点把这个问题解决掉。"接着，我们便暂时休会了。

*　*　*

那晚，罗斯福总统连夜给斯大林写了封信。征询了我们的意见后，

稍作修改，便发出去了。信中，他极力主张，邀请卢布林政府和伦敦的流亡政府各派出两名代表来此地赴会，促使他们在我们面前，协商成立一个我们各方都认可的临时政府，并尽快组织自由选举。我自是对此表示赞同。2 月 7 日，我们再度会面时，我向总统表示了支持。会上，罗斯福先生再次将他所担心的问题强调了一遍。他谈道，边界问题固然重要，而我们更有责任帮助波兰人成立一个统一的临时政府，甚至可以在波兰人通过自由选举产生政府前，直接为他们成立一个临时政府。他说："现如今，波兰问题简直乌烟瘴气，急需突破口，我们必须做点什么了。"随后，他问斯大林，对于昨天所谈到的问题还有什么想补充的。

斯大林回应道，约在一个半小时前，他才接到总统的来信，未作停留便立刻找人联系贝鲁特和奥索布卡·莫拉夫斯基，以便亲自与其通话。他刚刚得知，二人正分别位于克拉科夫和罗兹。然而，他们敌对阵营代表的所在地，斯大林却并不知情，他向二人承诺，将打听该怎样联系。若是伦敦的波兰政府无法按时到会，以防万一，莫洛托夫也另拟了一些建议，而这些建议在一定程度上是和罗斯福总统的建议相符的。

于是，莫洛托夫应声发言，宣读了他的提案大纲：

1. 各方协定，波兰东部以寇松线为界，在部分区域多调整五到八公里划归波兰。

2. 各方决议，波兰西部自什切青（归波兰所有）起，向南沿奥得河和西部的奈塞河为界。

3. 各方认为，应吸纳波兰流亡者中部分民主领袖加入波兰临时政府。

4. 各方认为，三国同盟应对扩大后的波兰临时政府予以承认。

5. 各方认为，按照第三条建议中的要求，扩大后的波兰临时政府，应尽快组织波兰人民自由选举，经由普选正式成

立波兰政府。

6. 应授权莫洛托夫先生、哈里曼先生、克拉克·克尔爵士研究扩大波兰临时政府的具体问题，并提出建议供三国同盟政府参考。

这番发言似乎令罗斯福先生备受鼓舞。他表示，我们已取得了一定的进展，但是，他还是要同斯退丁纽斯先生讨论一下此事。他总结道："我并不喜欢'流亡者'一词，对于这个群体，除了米科莱契克先生外，我完全没有接触。我认为，我们不仅要联系这些流亡者，同时也要在波兰国内发掘一些人才。"斯大林答应晚些再讨论这个话题。但这时，我插了几句。从后续事态的发展中可以看出，我所谈到的这些内容或许值得我们关注。

我谈道，和罗斯福总统一样，我也不喜欢"流亡者"这个词。此词原本指的是，法国大革命结束后被驱逐出境的法国贵族，现在引申为被本国人民驱逐出境的国民。然而，迫使这些波兰人背井离乡的乃是德国人，我提议，称这个群体为"波兰侨胞"。这时，斯大林也表示赞同。说到莫洛托夫第二条建议中的奈塞河，我有必要提醒一下各位，之前，我支持波兰向西扩展边界时一直在说，应给予波兰人在西部自由扩展边界的机会，但是，切不可超出其预期，也不能超出其能够妥善管辖的合理范围。若是波兰吞并了太多德国领土，反倒被撑死，怕是只会让人惋惜。听到数百万人要被迫迁移，绝大多数英国人都极为震惊，这些我自然很清楚。上次战争结束后，土耳其和希腊的民族纷争被化解，自那以后，两国之间便一直保持着友好关系。但是，即便是那次，迁移的人口也不过两三百万。若是将东普鲁士和西里西亚直到奥得河一线划归波兰，单是这条线，便意味着六百万德国人要迁徙回国。这便算得上是一个道义问题了，我得同英国同胞沟通后再做定夺。

斯大林提出，这片区域内的德国人早就跑光了。

我回答道，问题在于待他们回到德国，是否有地区供其容身。目

前，已有六七百万德国人死于战争，战争结束前，可能还会再多一百万（斯大林估计两百万）。这样一来，这些迁移者总会找到某个地方安家的，死去的德国人的空缺还需要他们来填补。只要波兰有能力管辖，德国又能找到地方安置移入人口，人口转移的问题我就没什么好担心的了。在这个问题上，原则倒不是我们关注的重点，重点应该放到数量上来。

这些讨论还未涉及细节问题，我们也还没用到地图。东西奈塞河的界限早就该划分清楚，然而至今，这一问题都没有得到解决。无论如何，必须抓紧时间了。

* * *

次日晨间，我致电艾德礼先生：

……昨晚，罗斯福总统写了一封信，征询了我们的意见，做了些修改后，便交给了斯大林。这封信的内容使人印象深刻。信中，他提议，邀请来自国内外的波兰人，共同成立一个全国性的波兰政府以取代当前的卢布林政府。今天（星期三），苏联提出了一项包含五六项条款的提案，作为对此信的回复。这些提议并未触及任何原则上的问题。我们请求将这些内容留到明天讨论。我将附上由外交大臣起草的修正版提案，以及苏联提案的原版。

此事还远未解决。我们计划，全力争取在波兰成立一个全国性的政府，此政府不仅要得到英美两国的承认，而且要能得到所有联合国成员国的承认。为此，我们要求，在跟我们有联络的波兰人之中，物色一些真正有才能和领导力的代表，尤其是米科莱契克、格拉布斯基、罗默这些人。此外，美国也列出了一些留在波兰的波兰人名单，包括维托斯、萨佩哈等。若这些人之中能有八到十个加入当前的卢布林政府，

那我们必将即刻对其予以承认。接下来，我们便可派遣大使和代表团前往波兰，稍微了解下当地的基本情况，弄清楚该临时政府是否能为自由公正不受限制的选举奠定基础。唯有这样，波兰政府才算真正具有生命力并能稳定存活下去。我们希望，在处理波兰问题这个难题时，你们能赋予我们自由行事、自主订立策略的充分自由。

附上苏联的提案后，我接着写道：

我们（英美）修改了苏方关于波兰问题所拟的提议中的部分内容，详情如下：

1. 各方协定，波兰东部以寇松线为界，在部分区域多调整五到八公里划归波兰。

2. 各方决议，波兰西部领土应包含但泽自由市、哥尼斯堡以西的东普鲁士地区和哥尼斯堡以南的东普鲁士地区、西里西亚的奥珀伦行政区，以及奥得河线以东波兰所要求的地区。经各方理解，上述区域内的德国人应被遣返回国；根据居于德国的波兰人的意愿，将其遣送回波兰。

3. 在苏军的努力下，近期，波兰西部地区已获得解放。由此，各方认为，需要尽快成立一个能够代表波兰全境的临时政府。此政府应以波兰所有民主反法西斯势力，包括当前位于海外的波兰民主领袖为根基。吸纳以上成员后所组成的政府，应获得三国同盟政府的共同承认。

4. 各方协定，此政府应主要由波兰人民负责组织成立。在有条件举行自由选举前，波兰各势力领袖代表应共同协商此政府的组成问题。应授权莫洛托夫先生、哈里曼先生、阿奇博尔德·克拉克·克尔爵士负责同上述领袖接触，并提出建议供三国同盟政府参考。

5. 各方认为，照上述方式组建的波兰政府成立后，应尽

快在普选和不记名投票的基础上，组织不受限制的自由选举。所有民主党派都应有权参加选举、提名候选人，以保证此政府能够真正代表全体波兰人民的意志。

*　　*　　*

2月8日，会议继续。罗斯福先生宣读了他在莫洛托夫的提案的基础上所做的修改。他阐明："苏联提出，波兰东部以寇松线为界，在部分地区多调整五到八公里给波兰，这项划分没人提出任何异议。"至少，此项内容获得了我们的一致赞同。我们当前所面临的难题实在算不上轻松，虽说我已经请苏联方面在一些小问题上做出让步，但除此之外，我们还是最好不要再给自己找麻烦了。即便如此，处理波兰西部边界一事时，罗斯福总统依旧坚决、毫不含糊。波兰应从德国那里获得一些补偿，"包括哥尼斯堡一线以南的那部分东普鲁士领土，上西里西亚地区，直至奥得河线"。以上分界他是赞成的，然而，他补充道，"再将其延伸到西部奈塞河似乎就有些过了"。这跟我一直以来的观点一致。五个月后，我们在波茨坦会面时，我更是全力促成此事。

另一个问题便是，成立一个三国都能承认且波兰人民都能接受的波兰政府。罗斯福先生提议，由波兰三个领导人成立总统委员会并前往莫斯科，从来自华沙、伦敦和波兰国内的三方势力中选取代表组成波兰临时政府。临时政府成立后，应尽快组织自由选举。

短暂休会后，莫洛托夫站出来，对罗斯福总统的意见表示反对。他说，现如今，卢布林政府是波兰人民的领导者，卢布林政府已获得绝大多数波兰人的热情拥护，在波兰人民之中享有极高的权威和声望。相比起来，伦敦的波兰政府却差得远了。要是我们想成立一个新政府，或许波兰人民是不会答应的，因此，倒不如试试扩大现有政府的规模。说到底，这也只不过是一个临时机构，而这些安排的目的只有一个，那便是，尽快在波兰举行自由选举。而扩张政府的具体办法，最好还是由莫洛托夫同英美大使在莫斯科研究决定。他谈道，他非常希望我

们能就此事达成协议。2 月 6 日，罗斯福总统在信中提到了五个人，若是从这五个人之中邀请两个出来谈判，他还是可以接受的。但是，他又谈道，卢布林政府有可能拒绝同这些人之中的某些人谈判，就比如说，米科莱契克。若是他们指派三个代表出来谈判，并且其中两个是罗斯福先生所提议的人，那么，谈判随时可以开始。

罗斯福先生问道："总统委员会呢？"

"最好还是别设了，"莫洛托夫回答道，"跟两个机构打交道可比一个麻烦多了。"

我接道："会议的关键正在于此。全世界都在盯着我们的解决方案。若是我们三国分别承认不同的波兰政府，展现在全球人民面前的，便是我们三国之间的本质差异依旧存在。还能有比这样的结果更可悲的吗？这只会证明，我们的这场会议彻底失败了。换个角度看，说到当前波兰的基本情况，我们三国的认识必然会存在差异，至少在某些方面是不一致的。根据英国的情报，卢布林政府并未获得大多数波兰人的支持。我们认为，海外的波兰人也并未将此政府视作他们的代表。若此次会议上，我们将现存的波兰伦敦政府搁置一旁，把所有的重点都放在卢布林政府上，世界人民必将强烈抗议。至少，海外的波兰人必将团结起来反抗，这一点是可以预见的。英国军队中，有一支由十五万来自世界各地的海外波兰人汇集而成的军队。他们立下了赫赫战功，此刻，依旧英勇奋斗在最前线。我并不觉得，这支军队会甘心听命于卢布林政府。早在战争开始时，伦敦的波兰政府便已经获得了他们的认可。若是现在，英国转而去承认卢布林政府，这难道不会被视为一种背叛吗？"

我接着谈道："正如斯大林元帅和莫洛托夫先生所知，我个人并不认可伦敦的波兰政府的所作所为，它没有任何一个阶段的表现是英明的。然而，背弃我们一直以来所承认的政府，转而正式承认新政府，这必将招致各界对英国的猛烈批判。人们会说，在东部边界的问题上，英国政府已经完全妥协，全盘接受了苏联的意见。事实也正是如此。此次，又背弃了战争开始这五年以来我们一直认可的波兰合法政府，

人们会说，我们根本不知道波兰国内到底发生了什么，我们无法进入波兰，看不到波兰的情况，也听不到波兰人的心声。人们会说，卢布林政府说波兰人民是怎么想的，我们就得相信什么。议会将会谴责英国政府，完全将波兰大业弃之不顾。假使我们能够对我们的朋友——莫洛托夫先生的提议表示赞同，那随之而来的争论，对我们三国同盟来说，才最痛苦，最影响我们之间的团结。”

我又谈道：“在我看来，这些提议还远远不算完美。若是要英国放弃伦敦的波兰政府，双方应共同努力开创一个新起点，这个起点至少要能差不多追平现有政府的势力。若要英国政府不再承认伦敦的波兰政府，转而认可另一个政府，那么，此政府要能使英国政府相信，它确实是广大波兰人民的代表。我们并不了解所有情况，所以我也清楚，这只能算作一个观点。诚然，若是波兰能通过普选、自由提名候选人和无记名投票的方式，自由选举产生一个新政府，我们之间的分歧必将烟消云散。一旦选举完成，不管伦敦的波兰政府如何，英国政府必将对这个新波兰政府表示欢迎。我们现在主要担心的，还是选举前的这段时间。”

莫洛托夫表示，或许莫斯科的会谈能带来一些有用的成果。在波兰问题上，波兰人民无疑是有发言权的。在没有波兰人参与的情况下，想要解决此问题，自然是非常困难的。听罢，我表示同意，但同时又说道，若是在会上，我们对协议的某一点产生分歧，各方也必须耐心协商达成一致。这也是十分重要的。总统对我表示支持。他谈道，早日促成波兰举行全民选举，便是美国最主要的目标。同时，如何治理这一国家便成了当前仅剩的问题。他希望，选举能在年底前展开。这样一来，我们唯一需要解决的问题便是选举时间了。

这时，我抱怨没有波兰情报和没有情报来源的事儿又被斯大林提了出来。

我回答道：“我还是有一些情报的。”

斯大林接道：“和我的情报可不一致。”随后，他又做了一番演说。他向我们担保，卢布林政府在波兰深入人心，贝鲁特、奥索布

卡·莫拉夫斯基和泽梅尔斯基三人更是人气颇高。波兰沦陷后，他们也未离开。他们一直住在华沙，开展地下活动。这使波兰人民深受触动。在德国占领时期，仍旧住在国内的波兰人对他们更是印象颇深。这些波兰人，对在艰难时期也坚持不出逃的那批人，是有感情的。他所提到的那三个人，正是这批人中的代表。斯大林谈道，在他眼里，这些人算不上天才，伦敦波兰政府里可能有比他们更聪明的人。但是，祖国曾被希特勒主义者占领，人民饱经磨难，这期间，伦敦的波兰政府的这些人却逃得远远的，波兰人民怎能对他们有好感呢。或许这份感情朴实无华，但却坚不可破。

他谈道，苏联军队从德国人手中解放了波兰。这对波兰来说是一件大事，一切都因此而改变。众所周知，苏联曾三次参与对波兰的分割，这导致波兰人对苏联没有什么好感。然而，随着苏联军队不断向前推进，最终解放了波兰，波兰人民的态度便大不一样了。波兰原有的憎恶被善意所取代，甚至对苏联生出几分热爱。这些感情流露得非常自然。看到德国人狼狈逃窜，波兰获得了解放，他们自是由衷地感到高兴。斯大林说，在他看来，波兰人民把德国人被驱逐出境那天当作举国欢庆的节日。看到伦敦的波兰政府对此毫无表示，他们很是惊讶。大街小巷中，他们随处可见临时政府的成员，便问道，伦敦的波兰政府的人在哪。这些事使伦敦的波兰政府的声望大大受损，而临时政府中虽没什么伟大人物，却很受欢迎，也就不难解释了。

斯大林认为，若是我们想要弄清楚波兰人民的感受，就不能忽视这些事实。我曾说过，我担心还未待达成协议，与会各方便提前决裂。接下来，要采取什么行动呢？各国政府的信息来源不同，所达成的结论也因此而各异。或许，我们的当务之急，便是要把分属不同阵营的波兰人聚集在一起，听听他们的意见。

随后，斯大林又谈道，波兰政府并非经由选举产生的，这自然会引发种种不满。诚然，要是能拥有一个自由选举产生的政府着实再好不过，可是迫于战争的压力，这还无法实现。可喜的是，选举的日子就快来临。在那之前，我们必须同临时政府打交道，这也不是我们第

一次这样做了。之前，法国的戴高乐政府也不是选举产生的。他并不清楚，当时是戴高乐在法国的权威更高，还是贝鲁特的名头更劲。但是，既然我们能同戴高乐订约，同扩大后的波兰政府订约又有何不可呢？毕竟，波兰政府似是比戴高乐政府更民主些。迄今为止，法国政府还尚未实施任何受到法国人民热切欢迎的改革措施，波兰政府却已然开展了土地改革，受到了波兰人民的热切响应。若我们处理此问题时，能不戴有色眼镜，想必是可以达成一致的。现在，情况并没有我想象的那么糟糕，若我们能将重心集中在主要问题上，不再刻意关注那些次要问题，波兰问题是可以得到妥善解决的。

罗斯福总统问道："还有多久才能举行大选？"

斯大林回答："一个月内，除非前线突然出了什么差池，然而，这可能性并不大。"

我谈道，这答案无疑让我们松了口气。经自由选举而产生的政府，可以取代所有势力，终于能有一个让我们全心全意支持的政府了。虽然我们盼望能早些举行自由选举，但是绝不会不分主次，提出过分的要求以致阻碍我们的军事行动。毕竟，我们的最终目的是要夺取胜利。若是在这么短的时间内，或者说，就算用上两个月的时间，便能将波兰人民的意愿确定下来，情况也会截然不同，这样的政府是没人会反对的。

随后，我们一致同意，将此事交由三国外长协商。

* * *

于是，2 月 9 日中午，三国外长举行会晤，他们并未在会上达成一致。当天下午四点，全体大会再次召开。会上，莫洛托夫又提出了一些新建议，这些提议与美方的草案内容极为相近。卢布林政府应"吸纳波兰国内外民主领袖，在更加民主的基础上重组"。英美两国代表，应同他一道，在莫斯科协定以上方案的具体实施办法。卢布林政府重组后，应即刻承诺尽快组织自由选举。随后，无论选举组成何种政府，三国政府都要予以承认。斯退丁纽斯先生曾要求华沙的三位代表观察并记录选举过程，并递交一份书面承诺，以保证选举确实是自由且不受限制的。然而，莫洛托夫对此表示反对，并声称，这是对波兰人民的不尊重。除去这个问题，莫洛托夫仅对美国的计划做了一些细微的调整，基本接受了美国的方案。

我表示，至此，我们已取得了相当可观的进展。然而，我感觉有必要提醒一下大家，这已经是我们的倒数第二次全体会议了①。照目前的气氛来看，我们各方都希望尽快达成协议，可是，我们也急切盼望会议能早些结束，以便尽快离开。我声明，为了省下二十四小时而在这些重要问题上草草作结，会白白浪费我们这些天的会议成果，这样的后果我们承担不起。我们很快便可达成重要协议，做决定时必须慎重。这些天可能算得上我们一生中最重要的日子了。

罗斯福先生表示，我们两人都迫切希望能真正举行一场公正自由的选举，英美和苏联之间不过是在遣词造句上存在一些分歧罢了。我告诉斯大林，情况对我们很不利。我们对波兰国内的情况所知甚少，却必须承担重任，做出决断。譬如说，我清楚，波兰各势力之间的矛盾非常尖锐。谈及此事时，奥索布卡·莫拉夫斯基先生言辞激烈。据我所知，卢布林政府曾公开表示，要将波兰国内军队和地下组织的成员当作叛徒审讯。我坦言，听闻此消息我非常担忧，心情很是沉重。诚然，我把苏军的安危放在首位，但是，我也恳请斯大林设身处地地考虑一下我们的难处。英国政府对波兰国内的情况一无所知。我们只能通过空降几个勇士，或是从地下组织中带出些人来了解波兰情况，这样的方式并不是我们所喜爱的，但除此之外，我们别无他法。在不影响苏军作战的前提下，有没有什么办法能给我们提供一些获取信息的其他渠道呢？能否为英国（自然美国也在内）行些方便，让我们知道波兰国内的争端是如何平息的呢？铁托曾说过，南斯拉夫大选时，他不会拒绝苏联、英国和美国的观察员列席，以便向世界各国展示他

① 2月11日的会议仅通过了大会报告。正式讨论结束于2月10日。

们的选举是何等公平公正；希腊若是举行选举，英国政府必将对美国、苏联和英国的观察员表示欢迎，以确保选举符合希腊人民的意愿；意大利也会出现同样的问题：意大利北部获得解放后，在当地的制宪会议召开或是议会成立前，必须举行一次选举，到那时，英国也将采取同样的政策，即，苏、美、英三国观察员出席选举现场，以向世界各国证明，一切程序都公正无欺。我表示，公平选举的重要性，再怎么强调都不为过。就拿这个例子来说吧，米科莱契克能否回到波兰并组织他的势力参加选举呢？

斯大林答道："这个问题就要待到莫洛托夫先生和英美两国代表会见波兰人时再做考虑了。"

我回应道："必须使我能够向下议院说明，选举将是自由的。并且要有充足的依据表明，选举过程既公平又自由。"

斯大林指出，米科莱契克是农民党的一员，并不属于法西斯党派，自然有权参加选举、提名候选人。我说道，若是波兰政府里已有农民党员的一席之地，此事将更为明确。斯大林表示同意，并说，波兰政府之中理应有农民党的代表。

至此，我说道，这个问题就谈到这儿吧。随后，我又补充道，我说的全都是心里话，希望没有冒犯到各位。

斯大林接道："我们得听听波兰人的意见。"我解释说我希望东部边界的问题能在议会中通过。我想，要是波兰人民能够按照自己的意愿做出决定，议会必然会感到满意，此事也就有可能成功了。

斯大林答道："波兰人之中不乏杰出之辈，有骁勇的战士，也有一些科学家和音乐家。但是，总的来说，他们还是非常好斗的。"

我答道："我所希望的不过是各方都能得到平等的发言机会。"罗斯福总统说："选举过程必须像恺撒的妻子一样完美，让人挑不出一点毛病。我希望多少能为世界各国提供某种保证。我不愿看到任何人质疑选举的纯洁性。与其说这是个原则问题，倒不如说是个政治问题。"

莫洛托夫表示："我担心，若是将美国提案中的条款加进来，波兰人民会觉得，我们对他们并不信任。这件事，我们还是和他们商量商

量为妙。”

这样的回答并不能使我满意。于是，我下定决心以后再找机会跟斯大林讨论讨论。结果，第二天，机会就来了。

*　　*　　*

2月10日，最后一次全体正式大会召开。会前，艾登先生和我，同斯大林和莫洛托夫在尤苏波夫宫私下会面。谈话时，我再一次解释道，我们没能在波兰派驻任何代表向我们传达波兰的情况，这为我们的工作造成了不少困难。如果能向波兰派驻大使和使馆人员，便是最好的解决办法了。实在不行，能让我们派些报社记者也可以。我表示，议会应该会向我问询卢布林政府和选举的情况，到那时，要想回答得出来，我必须知道具体情况。

斯大林答道：“新的波兰政府得到承认后，您便可以派遣大使常驻华沙。”

“允许大使在波兰国内自由活动吗？”

“苏军绝不会干涉他的行动，必要之时，我也会下达相应指令。然而，波兰政府那方，就需要你们自己去协商了。”

随后，我们一致同意，在共同声明中添加以下条款：

> 若以上条款达成，各方承认波兰政府后，可与其互派大使。由此，各国政府便可通过大使的报告了解波兰情况。

这已经是我能争取到的最好的结果了。

*　　*　　*

下午四点三十分，会议重新开始。艾登先生宣读了三国外长协定的一份声明。我注意到，这份声明中并未谈及边界问题。我指出，世界各国都会想知道这样做的原因。我们已就西部边界问题基本达成一致，就只剩下边界线的具体划分尚未确定，还应考虑将这个问题协定到何种程度。东普鲁士的部分区域应被划归波兰，若波兰人愿意的话，可将范围一直延伸到奥得河一线。不过，若是再往前延伸，恐怕我们便会持有疑虑了。现阶段，我们也不清楚是否要继续讨论这一问题。我向与会各方表示，战时内阁曾致电，强烈反对将波兰边界向西扩展到西部奈塞河一线，如此大范围的人口迁徙是远非我们所能掌控的。

罗斯福先生说，他更希望能听听全国统一后的波兰新政府的意见。他提议，不要在声明中提及涉及西部边界的内容。

斯大林说道："东部边界的内容却一定要提一提。"

在这点上，我对他表示了支持。虽然，我知道这样做必然会为英国招来不少非议。

谈到西部边界的问题，我表示，首先应考虑波兰新政府的意见。此外，讨论边界问题时，应将之视为和平协议的一部分。在美国体制之下，未经参议院批准，罗斯福总统无权决断此类事件，这为我们的讨论增加了不少难度。进一步讨论之后，我们最终在处理方法上达成了一致。于是，会议结束时，我们发布了一份宣言，其中便包括了关于波兰问题的联合声明，内容如下：

> 我们赴克里米亚参加会议，决心解决三方在波兰问题上的分歧。会上，我们充分讨论了波兰问题的方方面面。我们重申，我们三方的共同愿望在于，见证波兰成为一个强大、自由、独立、民主之国。讨论结束后，我们已就新波兰全国统一临时政府的成立条件达成一致。遵照这些条件成立的政府，将获得三大国的一致承认。
>
> 1945年2月11日

协议内容如下：

在苏军的努力下，波兰已全境解放。这样一来，波兰便面临着一种新形势。不久前，波兰西部刚刚获得解放。在目前的形势下，波兰迫切需要成立一个基础广泛的、比波兰西部解放前的政府所能涵盖的范围还要广的临时政府。因此，波兰需要重组当前的政府，吸纳来自波兰国内外的民主领袖，以奠定更为广泛的民主基础。重组后的新政府应更名为波兰全国统一临时政府。

三方委派莫洛托夫先生、哈里曼先生和克拉克·克尔爵士组成委员会，在莫斯科会见现波兰临时政府的成员，以及波兰国内外其他民主领袖，并初步讨论按照以上路线重组当前政府的有关事宜。重组后的波兰全国统一临时政府应承诺：尽快通过普选和无记名投票的方式，在波兰组织举办自由且不受限制的选举，且所有民主党派和反纳粹党派都有权参选并提名候选人。

若波兰全国统一临时政府按照以上原则组建完成，则与现临时政府保持着外交往来的苏联政府，以及英国政府和美国政府，均需要同新的波兰全国统一临时政府建立外交关系并互派大使，以便三国政府能及时获悉波兰情况。

三国政府首脑认为，波兰东部应以寇松线为界，在部分区域多调整五到八公里划归波兰。此外，北部和西部边界也应扩充领土范围。三国认为，扩充这些边界的领土一事，应适时征求新波兰全国统一临时政府的意见。待到和平会议上，再最终确定波兰西部边界。

第四章

FOUR

雅尔塔会议：尾声

美国、苏联和远东问题——秘密协议——斯大林对英国普选的看法——在宪法广场发表演说——前往埃及——与总统共进家常午餐，深情话别——我与伊本·沙特国王会面——关于雅尔塔协议之争——对波兰的深切担忧

雅尔塔会议期间，我们从未在正式会议中谈及远东战区。我知道，美国打算把苏联在太平洋战场参战的问题提出来，跟苏联谈谈。先前，我们曾在德黑兰会议上大致提过此事。1944 年 12 月，斯大林在莫斯科与哈里曼先生会面时，还曾明确提出过一份战后苏联在太平洋地区需求的具体提案。美国军方估计，德国投降后，再过十八个月才能打垮日本。苏联若是参战，美国的伤亡情况必然能得到缓解。当时，进攻日本本土的计划尚在酝酿。雅尔塔会议的第二天，麦克阿瑟将军才刚刚进入马尼拉。五个月后，首次原子弹的试验性爆炸才能实施。

考虑到上述情况后，2 月 8 日，罗斯福总统和哈里曼先生针对苏联所提出的远东领土需求与斯大林展开会谈。当天，苏联派了一位译员出席，美国国务院的查尔斯·E·波伦先生则担任美方译员，除了他们以外，再无其他人参会。两天后，双方再度展开会谈，对苏联的提议做了部分改动后，双方便就这些条件达成了协议。1951 年，哈里曼先生还在美国参议院公开提到过这些条件。作为交换，苏联承诺在德国投降后的两三个月内，便参加对日作战。

当天下午，我私下同斯大林举行会谈。我问道，苏联人希望在远东获得什么？斯大林回答，他们希望能得到一个海军基地，就比如说旅顺港。美方更希望将这些港口交由国际共管，苏联人却想要保障自

身的利益。我回应道，苏联舰艇出现在太平洋，我们是非常欢迎的。在苏日战争中，苏联必将遭受损失，理应获得一些补偿。次日，即2月11日，我收到前一天下午由斯大林和罗斯福起草的那份协议，于是，我代表英国政府在上面签了字。

7月5日，我致电英国各自治领首相，电报中记载着当时那些协商条件的内容。

> 克里米亚会议期间，斯大林告诉罗斯福和我，苏联政府将在德国投降后的两三个月内，参加对日作战。相应地，其列出了一些参战条件。当时，这些内容是最高机密。斯大林开出的条件如下：
>
> 1. 蒙古现状须予维持。
>
> 2. 恢复苏联于1904年丧失的权益，即：
>
> （1）库页岛南部及周边部分岛屿归还苏联。
>
> （2）大连商港须国际化，保证苏联在该港的优越权；恢复苏联对旅顺港的租借权，并将之用作海军基地。
>
> （3）通往大连港口的东清铁路和南满铁路应由苏中联合经营。苏联优越权需得到保证；中国恢复东北三省主权。
>
> 3. 千岛列岛划归苏联所有。
>
> 罗斯福、斯大林和我私下签订了一份协议，协议中包含以上条款。在协议中，三方认定，此协议应征得蒋介石同意。斯大林建议，由罗斯福承担征求中方许可之责。三方一致协定，日本战败后，应无条件兑现苏联条件。该项协议仅传达了苏联愿同中国订立同盟条约，承诺帮助中国摆脱日本控制的意愿，再无其他。

我必须声明，我虽代表英国签署了此项协议，但我和艾登从未参与制定此协议。毋庸置疑，此项协议与美国军事行动的主要权益息息相关，自然被视作美方的事，我们无权干涉。总而言之，苏美双方并

未征求我方意见，仅要求英方表示支持。正如他们所愿，我们签下了此份协议。由于对苏联所做的让步，美国受到了国内多方谴责，而这便是美方代表的责任了。对我们来说，此问题离我们太远，对我们也无关紧要。除非有什么充分的理由，否则我们实在不应该对此横加阻挠。

* * *

2月10日，最后一次晚宴轮到我来做东。早在斯大林到场的几个小时前，一队苏联士兵便提前来到了沃龙佐夫宫。他们把用于举办晚宴的各个接待室两侧的门锁了个严严实实，卫兵守住了房门，任何人不得进入。随后，他们仔细搜查了别墅的各个角落，桌底下和墙后面一处都不放过。我的随行人员们都被迫离开了沃龙佐夫宫，离开他们的办公地点回到了各自的住所。待到一切安排停当后，斯大林来了，他心情好极了。没过多久，总统也到了。

在尤苏波夫宫的晚宴上，斯大林曾举杯为英王陛下送上祝福，以示友好和尊重，结果却并不合我心意。当时他说，通常情况下，他是反对君王的。他支持人民，而非君王。然而，经过这场战争，他明白了，要对英国人民表示尊重。因而，他便一定要向受到英国人民尊重的国王送去诚挚的祝愿。这样的祝酒词实在令我难以恭维，于是，我便请莫洛托夫转告斯大林，他不必顾虑太多，并提议以后在这种场合下，一并向三国首脑送去祝福便可。这项提议获得了大家的认同。因此，在这次的晚宴上，我便活学活用了：

> 我提议，为三国首脑——英王陛下、美国总统、苏联主席加里宁举杯，祝愿他们健康平安。

罗斯福总统似乎精神不佳，听到我的祝福后，他回应道：“听了首相的祝词，我不禁回忆起一些往事。1933年，我爱人参观了美国的一所学校。她在其中一间教室里看到了一幅地图，图上留着一大片空白。

她问那片空白是什么。学生们回答，这里是苏联，他们是禁止谈论这片区域的。我之所以致信加里宁主席，请他派个代表来华盛顿，讨论两国恢复外交关系一事，这个小插曲算得上原因之一。当时，我们就是这样承认了苏联。”

这时，该轮到我向斯大林元帅敬酒了。我说道：

> 像这样为斯大林元帅送上祝福，已经有好几次了。然而，此次，我将怀抱着比以往会面时更大的热情。要说是因为他接连取胜，倒不如说，苏联军队披荆斩棘，胜绩累累，这让斯大林元帅比起同我们一起度过的困难时期的他，更为和蔼可亲了。我由衷地认为，不管在某些问题上会遇到多少困难，他都会是英国的挚友。我祝愿苏联前途光明、欣欣向荣、人民幸福安康。若有需要英国的地方，我必将竭尽全力，我相信，总统也会做出同样的选择。过去有一段时间，元帅对我们不太友好，我记得，我也曾说过元帅的坏话，而今，我们患难与共、团结相依，过往的隔阂皆已成往事。战争之火将我们过去的误解烧了个干净。我们认定，我们结交了一位值得托付的挚友。我也希望，他也能将我们当作永远的朋友。愿他健康长寿，愿他能看到自己深爱的祖国，不仅能在战争中辉煌璀璨，在和平时期，也能幸福美好。

斯大林作答时，兴致好极了。我没能记下他的原话，据我回忆，他认为这个“三国首脑”的祝词，用在我们三国会面时，简直再合适不过了。包括译员在内，赴宴者不超过十二个。正式的礼节走完，我们便三三两两地聊了起来。我提到，希特勒投降后，英国将会举行一场普选。斯大林认为，首相之位非我莫属。“英国人民知道，他们需要一位领袖，谁还能比带领英国获得胜利的人更合适呢？”我解释英国有两个政党，我只是其中一个政党中的一员。斯大林深信，“一党执政更好”。接着，我对他热情款待英国议会代表团访苏一事表示感谢。斯大

林说，这不过是他分内之事，更何况，像洛瓦特勋爵那样的年轻战士，本就招他喜欢。近来，他在生活中发现了一项新的乐趣——军事。说实话，这几乎已经成为他唯一的爱好了。

说到这，总统又谈起了英国宪法。他说，我一直在讲，宪法允许做什么，不允许做什么。而事实上，英国根本没有成文宪法。然而，不成文宪法却又比成文宪法更佳。就比如说大西洋宪章吧，这算不上文档，可全世界都知道。在总统的文件中，他找到了一份由我和他共同签署的宪章副本。奇怪的是，这两个签名都出自他的手笔。我回答道，大西洋宪章并非法规，它似是一颗启明星。

谈着谈着，斯大林讲道："德皇时代的纪律性实在过于刻板了。"他回忆说，年轻时，他同两百个德国共产党员一道，来到莱比锡参加一场国际会议。火车准点到站，但是没有检票员来检票。于是，所有的德国共产党员硬生生地在站台等了两个小时后才离开。结果，他们大老远跑来，却没有一个人赶上参会。

那晚，我们过得十分快活。元帅离开时，许多英方人员正聚在别墅的大厅里。于是，我号召大家，"为斯大林元帅欢呼三声！"大家热烈响应，刹那间，欢呼声四起。

* * *

并非所有的宴会都像今天这样顺利。雅尔塔会议期间，就有一次聚会出了点小插曲。那次，罗斯福先生做东邀我们共赴午宴。他提到，我和他在密电中，常常将斯大林称作"约大叔"。先前，我向总统提议，私下里把此事悄悄告诉斯大林。结果，总统在午宴上开玩笑一般地就当着大家的面说了出来。话一出口，场面一度十分尴尬。斯大林愤而起身道："我什么时候能离开？"贝尔纳斯先生①适时出来圆了个

① 詹姆士·弗朗西斯·贝尔纳斯（1879—1972），美国政治家、国务卿（1945—1947）。——译者注

场，他说：“毕竟山姆大叔①这个说法您都不介意，约大叔不是一样的道理吗？”听罢，斯大林坐回席上。过了会儿，莫洛托夫告诉我，斯大林知道这只是开玩笑罢了。他早就知道国外很多人都叫他约大叔，他明白，人们喜欢他才这样亲切地称他为约大叔。

* * *

次日，即2月11日，星期日，这是我们克里米亚之行的最后一天。同以往的会议一样，许多重要问题没能来得及彻底解决。波兰公报上，大体政策出炉。若是各方诚心按照此政策行事，在总和平协定出台前，此公报自然可以发挥其作用。罗斯福总统及其参谋，为促使苏方参加对日作战，也和苏联人在远东问题上达成了协议，此事对英国并无直接影响。后来，这份协议引发了美国国内一场猛烈的论战。总统急于回国。回国途中，他计划访问埃及。他希望在那里同各个当权人物讨论中东事宜。当天中午，斯大林和我留在了里瓦几亚宫，同罗斯福总统一道，在原被沙皇用作台球室的屋内共用午餐。用餐期间，我们在定稿文件和官方公报上签了名。现在便只等看看这些文件的精神能否真正付诸实施了。

* * *

那天下午，萨拉和我乘车前往“弗兰克尼亚”号班轮的停泊处——塞瓦斯托波尔。“弗兰克尼亚”号取道达达尼尔海峡而来，现在是我们的指挥舰。若是我们在雅尔塔的住所被破坏，“弗兰克尼亚”号也可以供我们安身。到达目的地后，我见到了艾伦·布鲁克爵士和其他参谋长们。登船后，我们从甲板上望去，可以看到港口。德国人入侵时，几乎把港口完全毁坏了。现如今，港口虽又重新恢复了活力，

① 山姆大叔是美国绰号和拟人化形象，由美国著名画家詹姆斯创造。——译者注

但在夜晚的灯光下，战争留下的疮痍依然清晰可见。

我非常希望能前往巴拉克拉瓦战场参观。于是，我请陆军部情报处的陆军准将皮克去调查一下此战的所有细节，准备好当我们此行的导游。2 月 13 日下午，在各位参谋长的陪同下，我来到了巴拉克拉瓦战场。此外，一位时任黑海舰队指挥的苏联海军上将从莫斯科方面领命，只要我一上岸，他便要一路陪同。有这位东道主在场，我们略有谨慎，言谈之间也要注意分寸。其实，我们本不必太过在意的。当皮克指向年轻骑兵旅列阵驻扎的战线时，那位苏联上将也几乎指向同一个方向，激动地嚷着："德国的坦克就是从那里攻进来的。"过了一会儿，皮克讲到了苏军当时的布阵情况，并将苏联步兵所驻扎的山峰指给我们看。这时，那位苏联上将骄傲地插话："就是在那，一个苏联炮兵连战斗到了最后一刻。"这时，我觉得是时候向他解释下，我们研究的是另一场战争，"是王室之战而非人民之战"。不过，这位主人公似乎并没听懂，但是他看上去很是满足。一路上，大家都非常愉快。

当年轻骑旅发起进攻的那个山谷呈现在我们眼前时，我们仿佛看到苏格兰高地兵团士兵冲杀上阵、为保卫那山脊而浴血奋战的场景。此情此景之下，您势必能想象得出，九十年前，拉格兰勋爵①所面对的场面。2 月 13 日早上，我们先去了拉格兰勋爵的墓地祭奠，看到苏联人对他满怀敬意，仔细地把他的墓地维护得极好，我们深感动容。

* * *

我本来非常期待走海路，经由达达尼尔海峡赴马耳他。然而，雅典近期遭遇了不少麻烦，我认为自己有责任借在雅典进行一个短时访问的机会，看看这个国家的现状。因此，2 月 14 日一大早，我们乘车出发，前往萨基转乘飞机。艾登已经提前离开了。我们沿着曲曲折折的山路前行，途中经过一个峡谷，德国人把他们的大批火车头丢在了

---

① 克里米亚战争中的英军统帅。——译者注

这里面。到达飞机场后，我们看到，来自苏联秘密警察部队的一支仪仗队正列队等候，场面极其壮观。于是，我照着我平常的习惯来检阅这支部队。我同每位士兵对视，他们至少有两百来人，检阅花了我不少时间。事后，我的检阅方式获得了苏联媒体的称赞。我发表了一番告别演说后，便登上了飞机。

飞往雅典的途中，一切顺利。我们绕着斯基罗斯岛飞了一圈，经过了鲁伯特·布鲁克的墓地，最终抵达机场。英国大使利珀先生和斯科比将军早已等在机场迎接。七个星期前，我离开希腊首都，街头巷尾还在四处激战。这才过了没多久，现在我们已经能坐在敞篷车里出行了。途经的街道上，仅能看到穿着短褶裙的希腊士兵，拦着外围热情欢呼的人民。而上次我来访希腊时，正值圣诞节，正是在这条街上，几百人死于非命。这天晚上，约有五万人熙熙攘攘地聚集在了宪法广场。夜色中，灯光打在这些古色古香的建筑上，看上去美妙极了。我们的保卫人员认为，我们必须秘密抵达。于是，我根本没来得及准备演讲。此时，我便只能临场发挥，即兴说上几句了。

> 祝福你们，雅典的军人和人民、希腊的军人和人民。这些日子的意义非凡。在这些日子里，阳光已经冲破黑暗，你们祖国的美好未来就在前方。
>
> 在世界很多地方，人们要么对我们的共同事业存在误解，要么便是对我们的共同事业茫然无知。对雅典战局的扭曲报道也不绝于耳。但现如今，一切都明朗了起来。希腊在世界上所发挥的作用，又将在世界上发挥何种作用，大家都了然于心。
>
> 作为一个英国人，看到英国军队能参与到反对暴力和叛乱的战斗中，为保护这座伟大而又历史悠久的城市贡献了一份力量，我感到非常骄傲。长期以来，我们两国团结友好、彼此信任，在这条泥泞难行的路上并肩前行。
>
> 对英联邦，对整个大英帝国来说，自由、繁荣和幸福都

极为珍贵。我们同你们一道，为希腊的自由抗争了许久。今后，我们也将继续同你们一道前行，直到黑暗之谷的尽头，直到公正与和平之山的顶峰。

愿人人都为国尽责。愿无人背离真理与荣誉之路。愿在这些伟大的时刻，在这些光辉的日子里，人人都精神焕发。愿无论男女老少，每个人心中都以希腊为重。愿希腊的未来在每个人的眼中熠熠生辉。

我由衷地祝愿你们欣欣向荣。我由衷地祝愿饱受战争之苦的希腊，能成为战胜国之中的一员。愿正义战胜邪恶，愿你们团结一致，愿你们亲密无间。

祝希腊永垂不朽！祝希腊人民同舟共济！

当晚，我在英国大使馆用餐，战后的使馆满目疮痍。2 月 15 日一早，我们便起飞奔赴埃及。

*　　*　　*

抵达亚历山大港后，我登上了“奥罗拉”号英国军舰。罗斯福总统邀请了三位中东君主——埃及国王法鲁克、埃塞俄比亚国王海尔·塞拉西一世、沙特阿拉伯国王伊本·沙特，来到停在苦水湖上的“昆西”号巡洋舰上与他会谈。我并未参加这场谈话。那天上午，这艘美国巡洋舰驶入亚历山大港。快到中午时，我上船跟总统聊了会儿，哪知这竟成了我们的最后一次谈话。随后，我们一行人便聚在他的船舱中吃了点家常菜，萨拉和伦道夫坐在我旁边，罗斯福总统的女儿伯蒂格尔夫人，哈里·霍普金斯和怀南特先生也在场。罗斯福总统面色沉静，身体虚弱极了。我意识到，他或将不久于人世，这或许是我们最后一次相见了。我们诚挚地互相道别。当天下午，总统一行人便乘船回国了。

* * *

与美国朋友作别后，我便准备与伊本·沙特国王会面。为赴罗斯福总统之约，他乘着美国“墨菲”号驱逐舰来到此地。他带着约五十位随行人员，包括他的两个儿子、首相、占星师。此外，还带着一群准备按照穆斯林仪式宰杀的羊，极尽东方君主式的奢华。我们把法尤姆绿洲的杜拉克酒店里的人暂时都请了出去。2 月 17 日，我们在杜拉克酒店为他举行了欢迎午宴。宴会期间，由于文化差异，我们之间产生了许多小矛盾。沙特阿拉伯人告诉我，在皇室成员面前，抽烟喝酒都是不允许的，那么，作为宴会的组织者，我立即把这个问题提了出来。我请译员转达，若依照国王您的宗教信仰，抽烟喝酒是不允许的，但依照我的人生信条，在饭前、饭后，甚至吃饭时，或是两餐之间抽烟喝酒却是一项必要的仪式。于是，国王大方地做出了让步。专为国王服务的斟酒者，从麦加远道而来，为我递上了一杯圣井水。不得不说，这是我喝过的最甘甜的水了。

我事先得知，会晤期间，会有一项交换礼物的环节。于是，我便提前做了些准备，并自以为准备得很是充分。在我的授意下，汤米（汤普森）从政府开支中提了一百英镑，精挑细选，帮我在开罗买了一小瓶香水。然而，沙特国王给我们每人准备了一把嵌着宝石的宝剑，剑柄上也嵌着钻石，除此之外，还另有许多种昂贵的礼物。萨拉则收到了一个非常大的旅行箱，伊本·沙特说，这是为“您的女眷”准备的。相比之下，我们的礼物显得太过寒酸。于是，我告诉国王：“此行我们只准备了一份薄礼，英国政府将为您准备一辆世界上最好的汽车，车内安静舒适，还配备了各种能防止外来袭击的安全设施。”后来，我们也兑现了此项承诺。

伊本·沙特国王给人留下了深刻印象。一直以来，他都对英国忠心耿耿，这使我非常钦佩。即使在最黑暗的时期，他也从未消沉堕落。现如今，他已年逾古稀，却依旧精神矍铄。他依旧保持着阿拉伯沙漠

的族长制生活方式，同他的妻子和儿子们生活在一起。

离开法尤姆，返回开罗途中，我们在英国大使的沙漠使馆中驻足休息，喝了杯茶。我在凯西的别墅住了几日，同埃及国王法鲁克和叙利亚总统分别举行了会谈。近期，中东地区状况频出，许多问题至今还未得到解决，我们的谈话也主要围绕着这些内容进行。这期间，萨拉把伊本·沙特送她的大皮箱打开了，里面装着许多精美华贵的阿拉伯礼服，还有几瓶珍奇的香水，透着缕缕芳香。箱子底部，是六个大小各异的纸箱。其中一个箱子里装着一颗大钻石，价值约一千二百英镑。此外，其他宝石也不在少数，再加上几条红海珍珠项链。安东尼也收到了一份类似的礼物，只不过由于他职位较低，箱子里的钻石价值也相应降低了些。后来，我向内阁报告此事时，我们表示，这些礼物我们是绝不会私吞的。事实上，他们赠予我们的这些珍宝，同我私自承诺要送给伊本·沙特的那辆汽车价值差不了多少。

2 月 19 日，我乘飞机返回英国。原计划飞至诺索尔特，无奈该地雾气过浓，我们只得转至莱纳姆机场降落。抵达目的地后，我乘车前往伦敦，途中在雷丁接上了专程来见我的妻子。

* * *

2 月 27 日中午，我请求下议院对克里米亚会议上所指定的协议予以批准。我谈道：

> 处理此项新协定时，我急切希望各党派能意见相和。这样一来，我们在处理这些重大事宜时，便能像格莱斯顿所说的那样，“不论党派政治如何跌宕，这些问题始终不受影响”……克里米亚会议之后，盟国之间在军事领域和政治领域中都更为团结了。我们要让德国人明白，妄想盟国分裂的企图是无法实现的，德国必将全线溃败，不要再做无谓的抵抗，否则只会徒加苦难。盟国决议：彻底解除德国武装；彻底粉

碎德国纳粹主义和军国主义；公正迅速地严惩战犯；关停或严格管控德国军工厂；德国应尽其所能对战争中遭受重创的同盟国家予以补偿。话虽如此，盟国绝非有意加害德国人民，更无意断绝德国人民的生路。之所以采取这样的政策，并非为了报复，而只是因为想为全世界将来的和平与稳定奠定根基。待到纳粹主义和军国主义的苗头完全消失后，将来有一天，世界各国的友谊之盟中，必将有德国的一席之地。

议会各方的争论主要集中在波兰问题上。

三大国一致认定，波兰唯有接受东部边界和当前确定下来的西部边界划分条款，才能为将来的和平安宁奠基，并逐步走向强大、独立与和谐……然而，就当前讨论到的问题而言，比波兰的边界问题更重要的是，波兰的自由与独立。波兰人的居住范围已然得以确定，然而，他们能够当家做主吗？波兰人民能像英国、美国、法国人民一样，真正获得自由吗？波兰人民能真正实现主权独立吗？恕我直言，我仅将所有的事实一一陈列。比起划分边界线，这些问题怕是更为敏锐，也更为重要，将这些当作波兰问题的试金石才更为合理吧。针对这些问题，波兰站在何种立场上？而我们又应站在哪种立场上呢？

斯大林元帅已郑重声明，苏联定将竭力维护波兰的主权独立。现如今，英美两国也已对此明确表态。此外，将要成立的世界组织也会适时承担其应负的责任。只要波兰能够跟随盟国的脚步，同盟国步调一致，对苏联保持友好态度，波兰的未来必将掌握在波兰人民自己手中。这些自然是合乎情理的……

按照协议的规定，波兰问题的大小事宜都需要各方协商决定，最终目的在于成立一个新的波兰全国统一临时政府。

由此一来，三大国之中，一国承认此政府，而其他国家承认另一个政府的局面便不会出现。三大国可一致同波兰全国统一临时政府建立外交关系……英国政府旨在全力确保……波兰所有民主党派的代表均能享有充分自由，有权在波兰政局中发声。

我认为，我有责任站出来支持苏联。在希腊问题上，斯大林便曾选择了正确的处理方式。我相信，在波兰问题上，苏联也是诚心想要实现上述目标的。

经过克里米亚会议，和其他场合的种种接触，我不由感受到，斯大林和苏联的各位领袖真切希望同西方民主国家平等相待、互相尊敬、和平共处。我也相信，这些并不是空话。据我所知，没有任何政府能像苏联政府一样，即使本国遭受重创，也依旧坚持承担其应尽责任。此时此地，若有人质疑苏联的诚意，我是绝对不会允许的。显而易见，这些问题关乎全世界的未来。若西方民主国家和苏联之间产生某些严重分歧，这必将为全人类的命运蒙上一层阴云。

接着，我又谈道：

现如今，我们根本无法预测世界未来的走向，每前进一个阶段，我们都必须停下来反思。我们不应看得太远，命运之链的每一环都只能一步步来解。

我相信，议会将会感受到，克里米亚会议大大增强了我们的信心。三大国之间的联系已进一步加强，彼此之间的了解也已进一步加深。美国已经深入到欧洲生活之中，积极投身于救助欧洲人民的事业。我们三国都已经着手于对未来影响深远且见效甚快的重要工作中了。

*　　*　　*

大多数议员都对我们在克里米亚会议上所持的态度表示无条件支持。德国人侵使波兰吃了不少苦头，为了波兰人，我们迫不得已参加战争。出于感性，有人认为，英国应对波兰问题承担起主要责任。对这一问题反应尤为激烈的约有三十人，其中还有一些人站出来发言以示抗议。他们唯恐一个英勇的国家遭受奴役，这样的结果只会让人感到无比痛心。艾登先生是站在我这边的。第二天，投票表决时，绝大多数人投了赞同票，二十五位议员向政府投了反对票，这些人中大部分都是保守党。此外，还有十一个政府成员弃权。城乡规划部的政务次官 H·G·施特劳斯先生交上了辞呈。

处理战时事务，或是解决应急事件时，负责该项工作的人不能单纯按照良善公民所赞同的一般性原则行事。每天，负责者都必须下达明确指令，坚定不移地做出决策。否则，联合行动的一致性根本无以为继。德国战败后，若要去谴责那些尽全力鼓舞苏联军队、与同样深受战争之苦的伟大盟国们保持着和谐关系的人，自是毫不费力的。然而，现如今，德国还有两三百个师在前线战斗，要是现在同苏联产生分歧，试想一下，将会产生何种后果？若是这样，我们的所有希望都会化为泡影，更别说，这是我们当前唯一的希望了。

第五章

FIVE

渡过莱茵河

两路大军突破德境——英国的疑虑——部队推进到莱茵河地区——德军在莱茵河西岸的最后顽抗——制订作战计划并准备渡过莱茵河——与敌军在韦塞尔和雷斯进行激烈交战——渡过莱茵河——快速向前推进的美国部队——德军西线的崩溃

德军在阿登吃了败仗，他们本应该撤退，渡过莱茵河，以图赢得喘息的时间，却仍然选择凭借莱茵河西岸地区进行顽抗。艾森豪威尔将军的军事打击计划有三步，他将率先消灭莱茵河以西的敌军，并向河岸迫近，然后建立滩头阵地，最后向德国纵深推进。战争进行到最后阶段会兵分两路，齐头并进，一路将从杜伊斯堡城下的莱茵河下游出发，从鲁尔区的北部包抄过去，合围并攻下鲁尔，然后越过德国北部平原，直逼不来梅、汉堡和波罗的海沿岸。另一路是从卡尔斯鲁厄挥师挺进卡塞尔，然后视战事情况再决定是向北还是向东进军。

出于顾虑与担忧，我们在马耳他研究并审核了这个作战计划。我们怀疑是否有足够的兵力同时发动两大战役，而且我们觉得，相比较而言，蒙哥马利的第二十一集团军向北进军才是重要的。虽然可能只有三十五个师能够参战，但我们认为不管战役的规模有多大，都要在这里投放最多的兵力，而不应该为了开辟另一战场而削弱这里的军力。这个问题曾在联合参谋长委员会上进行激辩。布雷德利将军[1]把所受到的压力大部分归咎于蒙哥马利。这样的评判有失公允。总的来说，英国人认为北部的战局才是最重要的，因为它关系到是否能拿下鲁尔。

① 见奥马尔·布雷德利的《一个战士的故事》。

另外，我们对这个计划也存有疑虑。我们迫切希望蒙哥马利的第二十一集团军能尽可能迅速地渡过莱茵河，而不应该仅仅因为附近河岸某个很远的地方还有德军盘踞就犹豫不决。艾森豪威尔的参谋长比德尔·史密斯将军来到马耳他，向我们做出保证，让我们吃了定心丸。艾森豪威尔在他的正式报告中写道："莱茵河西部地区作战的胜利，基本保证了我们在1月所拟定的远期计划的实施——渡过莱茵河并在对岸建立强大的军力，甚至保证了我们盟国所拟定的在西欧登陆发起进攻的日期方案也基本得以实现。基本的主攻方向是向鲁尔北部发起总攻，援军部队是来自法兰克福地区的桥头阵地的第二路大军。随后各个桥头阵地向所有德军残部发动攻击，直到把它们彻底歼灭。"

敌我双方投入战斗师的数量，可谓旗鼓相当。2月初，艾森豪威尔和德方均有大约八十二个师，但双方的士气与战斗力却有高下之分。同盟军士气高涨，斗志昂扬，而德军士气低落，军心动摇。我们的官兵久经战斗锤炼，充满自信。而敌军却疲于四处分兵，甚至连他们的后备队都得要兵分各处；1月，希特勒派遣第六装甲集团军的十个师去增援奥地利和匈牙利，以免那里的油田落入苏联人手中。我们的轰炸机已经摧毁了希特勒的工厂和交通运输线。希特勒奇缺汽油，他的空军也是名存实亡了。

*　　*　　*

首要任务是消灭来自科耳马尔的一股敌军。2月初，此项任务由法国第一军在美国四个师的支援之下完成。蒙哥马利向科隆以北莱茵河的进军无比重要，而且是一场持久、艰险的战役。克里勒将军的加拿大第一集团军，由英国第三十军和加拿大第二军所组成，2月8日开始从奈梅亨前沿突出部分向东南方向奔袭推进，直插莱茵河和默兹河之间的西南地区。那里防御工事极为坚固，敌军防守相当顽强。两条河流泛滥成灾，地面泥泞不堪。第一天的袭击目标是达到了，但是以后的行军步伐缓慢了下来。我们遇到了极大的困难，敌军有十一个

师抵抗我们，因此，直到2月21日我们才占领果克据点。克桑滕仍有敌军驻守，因为这是他们韦塞尔前沿阵地的中枢。

辛普森将军率领的美国第九军，在此次战役中接受蒙哥马利的指挥。他们原定从鲁尔河向北进军，以便与英军会合，但是他们要等到鲁尔河上游二十英里处的大坝被拿下之后才能渡河。美国第一军于2月10日夺取了大坝，但是，德军破开了大坝闸门，使美军直到23日才能从下游渡河。美国第九军发起了进攻，与之对阵的敌军因为要分兵支援更远的北部地区的战斗，力量遭到削弱，因此，美军这一仗打得很顺。在美军势头正旺时，加拿大部队重新向克桑滕发起进攻，第三十军与格尔登的美军于3月3日会师。至此，第九军右翼的部队已经抵达了杜塞尔多夫附近的莱茵河，这两支军队联合起来，把敌军从韦塞尔前沿阵地赶了出去。德国的十八个师于3月10日败退，渡过莱茵河，留下了五万三千名俘虏和数不清的尸体。

* * *

在更远的南边，布雷德利将军的第十二集团军着手将盘踞在杜塞尔多夫和科布伦茨之间整整八十英里长的地段上的敌军赶过莱茵河。在左翼，霍奇斯第一军的侧翼部队协同第九军齐头并进。3月7日，攻占科隆没费什么周折，真是出人意料！另外两路大军渡过埃尔夫特河，攻克伊斯基尔亨，然后一路向东挺进，另一路向东南进军。巴顿第三集团军的两支部队攻占了特里尔，径直向基尔河挺进，并在3月5日发起了总攻。他们沿着摩泽尔河北岸进行扫荡，并于三天后与第一军在莱茵河会合。7日，他们迅速果断地逮住了战机。美国第一军的第九装甲师发现雷马根的铁路桥虽已局部损坏，但还能通行。他们立即派遣前卫部队在此过河，其他部队紧随其后，很快，有超过四个师的部队抵达河对岸并推进到离河岸很远的位置，而且还构筑了一个深达几英里的滩头阵地。这次行动原本不在艾森豪威尔的计划之内，但事实证明，这一意想不到的收获，迫使德军从大老远的北方调来了大

量兵力，妄图在此阻止美军进军。莱茵河畔这一仗，第十二集团军没费多少时间，可以说是一瞬间完成的，俘获敌军四万九千人。虽然敌军拼尽全力抵抗，但最终因为汽油短缺，动弹不得，只好俯首就擒。

我向艾森豪威尔发了贺电。他当之无愧！

首相致陆军上将艾森豪威尔阁下：

谨向您致以最热烈的祝贺！盟军在您的指挥之下，赢得了本次战役的辉煌战绩。有了这一巨大的胜仗，我们打败或歼灭莱茵河以西的所有德军就不难实现了。美国各军和集团军的行动之神速，各司令官以及各部队对瞬息万变的大规模现代化战争的应变能力，令所有研究战争的战神们既由衷钦佩又印象深刻。我感到高兴的是，若非您具有指挥联合部队取得辉煌战绩的非凡能力，英军和加拿大军在北部战斗中很难发挥重要作用。

1945 年 3 月 9 日

*　　*　　*

目前，只有莱茵河西岸一带还有一大批德军在据守着。他们布防在摩泽尔河地区，从科布伦茨到特里尔，再沿着齐格菲防线折回到莱茵河，构筑了一大片前沿突出阵地。与德军对阵的是美国第三军第二十师，右边是美国第七军，还有一支法国部队摆在莱茵河附近。3 月 15 日，盟军发起进攻，德军拼死抵抗。茨魏布吕肯在西面的进攻很顺利，但在其东面，德军却死守着阵地。不过，这对于德军也是徒劳，因为巴顿的部队已经到达了科布伦茨以北的莱茵河，并派遣五个师掉头向南在摩泽尔河的下游渡过了河。德军怎么也没想到，盟军会来这么一手，从背后突袭并插入他们的防御阵地，已乱了阵脚的德军根本无力抵抗。3 月 21 日，抵达沃尔姆斯的这支突袭部队，与突破特里尔南部前沿阵地的第二十师胜利会师。

齐格菲防线以易守难攻而闻名，因此，进攻者无不视之为畏途。但随着其守军与外界的联系被切断，几天之后，抵御力量无法组织，防守体系立即土崩瓦解。这次的胜利还有一个意想不到的收获，美军第五师事先未有筹划，却于美因茨南面十五英里的地方渡过了莱茵河，他们迅速扩大阵地，一个具有纵深的滩头阵地很快就构筑起来，攻取目标直指法兰克福。

德军在西部的最后一次大规模的抵抗就这样结束了。美军历时六周，在绵延二百五十多英里的战线上连续作战，将敌人赶过莱茵河，他们也因此在人力、物力上遭受了无法弥补的损失。盟国的空军发挥了最重要的作用。战术空军连续不断的袭击，加快了敌人的失败与瓦解。日益衰败势蹙的纳粹德国空军，在我们眼里已不算什么事了。敌人新型喷气式战斗机虽对我们构成威胁，但在我们全天候巡逻机的压制下，无法从机场起飞，这又大大解除了我们心头的担忧。我们的重型轰炸机不断袭击，使德国的汽油产量几乎降到了零，他们的许多机场被摧毁，工厂和运输系统损毁严重，几近瘫痪。

* * *

当南方的美军跋涉进抵莱茵河时，蒙哥马利已经准备渡河了。作战计划的制定和物资的储备工作早在几个月之前就开始了。大量的军需品、水陆两用车辆、突击艇和造桥物资正向战区运送，军队借助不停施放的烟幕正在向莱茵河沿岸附近集结。

渡河地点选择得不错。鲁尔地区面临威胁。取代龙德施泰特当上总司令的凯塞林很清楚什么地方将要受到攻击。第一伞兵集团军的七个师是他手中仅有的战斗力最强的部队，他们在东岸挖掘战壕固守，但是除了韦塞尔和雷斯周边的防御工事以外，他们构筑的工事远不及盟军所攻克的工事。然而，他们的炮兵部队很强大，并且还从鲁尔强大的空防部队调来了防空火炮。看来，我们的进攻是越早越好，特别是在德国魔爪之下受苦受难的荷兰北部民众更是迫切希望我们早日向

敌军发动进攻。

首相致伊斯梅将军，转参谋长委员会：

兹递上格布兰迪博士寄来的一封令人惊惧的信件，信中附有德斯蒙德·莫顿爵士的评论，谨提请你们予以特别注意。

星期一深夜，比德尔·史密斯将军主动到我在兰斯的下榻处，他提出一个建议，他说他希望在渡过莱茵河之后，能立即拨出两个师去清除荷兰境内的敌军。我明白他的意思是调拨两个美军师。我的意见：现在双方应该商定一个军事计划，为了不让荷兰人恐慌，应顺带尽早摧毁荷兰的所有导弹发射阵地。我不确定这是否不可避免，假若是这样，恐怕我们向柏林发起的总攻有可能要推迟。我打算拍发电报给罗斯福总统，告知他上述情况，但我首先想要听取你们的意见。考虑到水陆两用车及“水牛”式坦克等在北部军事行动中所起到的作用，我认为我们不用太担心水的问题。如果在荷兰境内的德军真的被牢牢地困在那里，而且所有能作战的部队已经悉数被抽调，那么就没有必要仔细研究那里的作战任务，也无须把它看得过重了。

1945 年 3 月 8 日

蒙哥马利加紧准备，盟国空军倾其所能，出动了全部空战力量。2 月的最后一个星期，他们开始轰炸不来梅到科布伦茨一带，阻止敌人从鲁尔军械库中获取弹药武器补给，并封锁作战区。空袭力度日趋猛烈。在发动攻击的前两周，皇家空军和美军第八大队、第九大队的重型轰炸机投下了近 5 万吨炸弹。中型轰炸机、战斗轰炸机和占压倒优势的战斗机群共同切断了战场与外面的联系，德国西部已是混乱不堪，到处是废墟。

*　　*　　*

蒙哥马利指挥加拿大第一集团军、英国第二集团军和美国第九集团军。后两个集团军将夺取韦塞尔南部和北部的桥头阵地，而中部的英国第一突击旅则占领了韦塞尔。在两千门大炮轰击了一个小时之后，我们乘夜渡河，加拿大军则掩护左翼，并在稍后渡河，向北进军。第二天早晨，英军第六空降师和美军第十七空降师在城镇以北的敌军防线后方空降，从后方破坏敌军的防御工事。这个计划促使他们早日与曾经在阿纳姆对我们不怎么厚道的其他部队会合。支援我们作战的有重型轰炸机，还有空军中将科宁厄姆指挥的不少于三千架的战斗机参战。

我渴望和我们的军队一起渡河，蒙哥马利表示欢迎。3 月 23 日下午，我乘坐“达科塔”式飞机从诺索尔特飞到文洛附近的英军总部，随行只带了秘书乔克・科尔维尔和“汤米”。总司令引我到他居住并用以代步的大篷车内，我发现我是坐在我之前曾经用过的一辆舒适的货车内。我们七点吃了饭，一小时后，经人陪同准时到达蒙哥马利的地图车。这里陈列着所有的地图，它们由一班经过挑选出来的军官所绘制，能反映每个小时的战况。这样，我们部队的部署和进攻的整个计划就清楚地呈现在眼前，也很容易被理解。在从莱茵斯贝格到雷斯长达二十英里的战线上，我们从十个渡河点强渡过河。

我们将所有的人力、物力都用上了。我们将百万雄兵中的八万前卫部队按预定计划投入战斗。大量的船只和架设浮桥用的平底船都已备齐待用。与我军对峙的德军，依据壕垒防守，组织毫无疏漏，全都配有现代化的武器装备。

据我平生在战争中所见所闻以及对战争的研究，或是平素阅读之所悟，我都怀疑仅用一条河流能否构筑一道坚固的防线抵御强大敌人的进攻。自从就读桑赫斯特陆军军校开始，我就一直在思索汉姆莱的《军事行动》书里的内容，作者在该书中提出了一条真理性的军事理

论：一条河流与进攻战线平行远比河流径直横穿战线要危险得多。他还用拿破仑 1814 年的非凡战例对该理论进行了阐述。因此，在陆军元帅向我说明他的计划之前，我就对此次战役满怀希望。况且，我们手中现在还握有绝对的制空权呢！总司令特别希望我能看到第二天早晨的一幕：两个空降师总共一万四千人，带着大炮和进攻装备空降在敌军后方。为此，我们晚上十点钟之前就上床就寝了。

我给斯大林发了电报。

首相致斯大林元帅：

我现在和陆军元帅蒙哥马利一起在他的总部里。他刚才已经下达命令，在以韦塞尔为中心的广阔战线上发起总攻，强渡莱茵河。支援此次作战行动的大约有两千门大炮和一个空降师。

希望今晚和明天能渡河并建立滩头阵地。一旦渡河，一支蓄势待命的庞大装甲部队将乘胜进攻。

陆军元帅蒙哥马利让我转达他对您的敬意。明天我还会再给您拍一封电报。

1945 年 3 月 23 日

* * *

率先发起进攻的光荣任务落在了我们的第五十一师、第十五师及美国的第三十师、第七十九师身上。最先出发的是第五十一师的四个营，几分钟之后他们就到达了对岸。进攻的各师一整夜像潮水一样奔涌过去，由于河岸本身防御较弱，起初几乎没有遇到什么抵抗。黎明之时，滩头阵地，虽说没有纵深，但牢固地建立起来了，突击队也在韦塞尔和敌军肉搏了。

早晨，蒙哥马利安排我在四周起伏不平的丘陵地中间的小山顶上观看空降的盛大场面。天已大亮，伴随着低沉的、隆隆的轰鸣声，机

组群突然出现在我们的上空。此后的半个小时里，两千多架飞机排成队形在我们上空飞过。我观看的地点选得很好，那里光线清晰，足够看清我军在敌方降落的位置。飞机逐渐消失在视线里，但是几乎一瞬间，飞机又以不同的高度朝我们飞回来。至于伞兵，即使用最好的望远镜也看不见。但是，现在来增援的飞机和袭击完毕返航的飞机，发出叠加的轰鸣声。很快，人们悲痛地看到三三两两的战机回航，有的歪斜着，有的冒着烟，有的甚至正在燃烧。也就在这个时刻，黑压压的小黑点从天空飘落到地上。凭着多年丰富的经验可以想象得到，发生的空战是多么艰难、惨痛！但是，看起来好像每二十架战机里面就有十九架完成了任务，安全返回。一小时之后我们回到总部，上述情况得到了证实。

现在，我们在全线发起了进攻。我乘汽车对前线以及各作战部队的司令部进行了逐个巡视，回去的时候已经是深夜了。我的私人秘书乔克·科尔维尔因为要替我办事，所以不能和我同车出巡。但他自己另有安排。实际上，那天早晨他就跟随一支渡河的船队渡过了莱茵河。过河途中没有遇到敌军抵抗，但是我军在河对岸的立足阵地却遭到敌人炮火的猛烈轰击。他正在和一名军官说话，一颗炮弹就落在了他们身边。一名空降师士兵站在他们旁边，受了重伤，他流出的鲜血浸湿了乔克的外衣。也是碰巧，蒙哥马利和我刚好与乔克同时回到总部，蒙哥马利元帅看到了乔克血迹斑斑的上衣，就问他出什么事。要不是因为这个碰巧，他自然是不会提起这件事的。然后元帅极为不满地说一个文职人员竟然不经过他的允许就擅自渡过了河。我替乔克解围，请元帅息怒，并保证会亲自训斥他一顿。在了解了事情的来龙去脉之后，我指出，如果他被炸死，会给我的私人办公室带来多大的不便？每隔几个小时送来的密电又由谁来翻译并递交给我？他表示很后悔，我建议他吃饭的时候尽可能地远离元帅。他接受了我的建议，在别处用餐，事情就这样平息了。现在元帅已经原谅他了。

*　*　*

那天所有的战事都进展顺利。四个进攻师已安全渡河，并立稳了脚跟，还构筑了纵深达五千码的滩头阵地。最激烈的战斗是在韦塞尔和雷斯方面。空降师越战越强，我们空中作战取得的战果空前辉煌。本次盟军的空中攻势及战斗表现仅次于他们在诺曼底登陆那一天的表现。此次参战的空降部队不仅包含大不列颠的战略空军，而且还有从意大利起飞深入德国境内的重型轰炸机。

晚上八点钟，我们进到地图车里，现在我有一个绝好的机会，可以观看和领略蒙哥马利是如何指挥这么一场大规模战争的。在将近两个小时的时间里，有众多少校级别的青年军官逐个进来汇报战况。他们每个人都是从前线不同的战斗地段回来的。他们是总司令直接管理、亲自派出去的个人代表，他们有权去任何地方，查看任何东西，可以询问师或行军部队中的任何一个指挥官，询问任何他们想询问的问题。回来后他们要详细汇报，还要接受长官寻根究底的诘问，这样一来，前线战况、敌我态势就全部呈现出来了。精明老道的蒙哥马利就是靠着这些他熟知的、信得过的、具有非凡洞察力的干练军官，对整个战局的动态及战况既了然于胸，又能适时掌控指挥。从各司令部和各指挥官那里来的报告，都先经过蒙哥马利的参谋长德·甘冈将军加以筛选、鉴别、核查，然后再向他报告。这一反复核实的做法非常有必要，极具价值，也得到蒙哥马利的充分肯定。这一过程能让他在脑海里形成一幅更生动、更直观，有时还会是更为准确的战争画面。这些军官每天都冒着很大的危险，那天夜里和接下来的几个夜晚，我倾听过的七八个做报告的军官中，有两位就在几个星期之后阵亡了，我认为这种制度值得钦佩，也确实是一个现代战争总司令全面系统地了解前线各个战局动态的绝佳办法。这一行动过程结束之后，蒙哥马利向德·甘冈下达一系列指示，参谋机构立即进行了落实。然后我们就歇息了。

* * *

第二天是 3 月 25 日，我们去会见艾森豪威尔。在路上，我对蒙哥马利讲，他所建立起来的战争指挥体系跟昔日马尔巴罗的指挥体系以及 18 世纪指挥战争的方法极为相似，那时的总司令指挥行军打仗也是依靠他的副将们。总司令骑在马背上，下达命令与指示，指挥前方战事，其战线延绵只有五六英里长。战斗在一天之内就结束，却决定着某些大国的命运，有时甚至决定某些大国以后若干年或若干代的命运。为了有效地落实他的意图与指示，总司令特意派出四五名副将到前线各个点。他们对总司令的意图心领神会，并且不遗余力地落实他的作战计划。这些军官无权指挥军队，只是在前线肩负督查与监军的责任，并代传最高统帅的命令与指示。在当今时代，将军坐在办公室里指挥作战，已是不争的事实了，战线之长、战区范围之广，远超过从前十倍，而且作战时间常常持续一周或者十天。在时移世易的今天，蒙哥马利向前线派出自己的监军，虽然这只不过是昔日指挥战争办法的部分翻新，但他派出的监军居然受到前线各级司令官的极端尊重，这自然也不失为趣事一桩呢！

中午之前我们会见了艾森豪威尔。这里聚集了很多美国将领。我们交换各种意见之后，简单地吃了午餐。艾森豪威尔在饭桌上说，距我军这边的莱茵河大概十英里处有一幢房子，美军已经用沙袋将其围起来了，在那里可以很好地观察莱茵河及其对岸。他建议我们去看看，并且亲自领路。莱茵河——这里宽约四百码——就在我们的脚下流过。敌军那边，有一大片平坦开阔的草地。军官们告诉我们，据他们所知，对岸那片草地并没有守军，我们感到很惊奇，盯着对岸瞭望了一会儿。采取了适当的防卫措施后，我们被领到了那幢房子。最高统帅因有其他事情要处理，不得不离开。蒙哥马利和我正要跟着最高统帅一起离开，我突然看到一艘摩托艇向我们驶过来，并停了下来。于是，我对蒙哥马利说：“为什么我们不渡河去对岸看看呢？”他说：“为什么不

去呢”？他的回答多少让我感到有点儿吃惊。他询问了一番情况，我们就带着三四个美军指挥官和六个武装人员开始渡河。在明媚的阳光与祥和宁静的环境下，我们在德军那一边的河岸登陆。大概漫步了半个多小时，并没有遇到什么麻烦。

我们回来的途中，蒙哥马利对摩托艇船长说：“我们能不能沿河下行到韦塞尔，去看看那里的战斗情况？”船长回答说恐怕不行，因为在半英里外的河上已布下一条拦河锁链，用来拦截漂浮的水雷，以防它会干扰我们的作战行动。可能有几个水雷已经被拦下了。起初，蒙哥马利起劲地催促船长，但最后还是觉得不要太冒险为好。我们上岸的时候他对我说：“咱们朝下走吧，到韦塞尔的铁路桥去，现场看看那里的战斗情况。”于是，我们就坐进了他的汽车，陪同随行的还有几个美国人，他们都为有机会实地观看战斗而高兴。我们一行驱车朝着由巨型铁梁支撑的火车铁桥驶去。该桥的中部已经损坏，但是其扭曲的铁架正好可以供我们坐下休息一会儿。德军正在回击我们的炮火，他们四发齐射的炮弹落在大约一英里开外的地方。不一会儿，炮弹飞落的地方离我们更近了，然后，一排炮弹从头顶飞过，落入我们一侧铁桥旁的水里面。炮弹好像一触碰到水底就爆炸了，并且在大约一百码以外的地方击起了巨大的水柱。还有几颗炮弹落在了我们的汽车之间，当时，我们的汽车就被藏匿在我们背后不远的地方，于是，我们决定离开这里。我爬了下来，与我们这次冒险节目的主人一起乘坐两个小时的汽车，回到了司令部。在我看来，在冒险方面，他对待乔克·科尔维尔是一种态度，对待他自己又是另一种态度。

*　　*　　*

随后的几天，我们在莱茵河以东的进展接连不断。3 月 28 日，美国第九集团军正向杜伊斯堡逼近，而且已经进入格拉德贝克。在英军一个装甲旅的支援下，空降师在哈尔滕空降，向其腹地推进，接着又在这里把战线扩大到博尔肯和博霍尔特。左翼的战斗虽然激烈，但沿着莱茵河岸向下游推进的加拿大第三师正逼近埃梅里赫，将要与莱茵河附近的加拿大部队的其他各师会合。因此，到了月底，我们在莱茵河的东面就有了一个跳板。凭借这个便利，我们发动了一次深入德国北部的重大攻势。在这场历史性的战役中，工程兵发挥了重要作用，需要特别表彰，他们的功绩值得大书特书。我只需举出一个例子，截至26日傍晚，他们在莱茵河上架设的桥梁就多达十二座。

* * *

这段时间以来，南部的美军都没有遇到过敌军的顽强抵抗，所以，其进展速度令人吃惊。他们的果敢换来了不菲的回报，即他们夺取了两个滩头阵地。这两个滩头阵地实力日益增强，规模也越来越大，使得更多的部队从科布伦茨南部和沃尔姆斯渡过了莱茵河。3月25日，美国第三军进驻达姆施塔特，29日攻克法兰克福。同一天，美国第七军占领了曼海姆，美国第一军突破雷马根、抵达吉森后，迅即向北进军。4月2日，法军也在美国第七军的右边渡过了莱茵河。与此同时，美国第七军则远远越过海德尔贝格，向东行驶，攻克了卡塞尔。美国第一军的左翼与哈姆以东的美国第九军取得联系，包围了鲁尔的三十二万五千名守军，这样，德军的西部防线就彻底土崩瓦解了。

第六章

SIX

波 兰 争 端

苏联破坏《雅尔塔协定》——罗斯福身体日益衰弱——苏联给罗马尼亚强加一个指定政府——同盟国抗议所产生的危机与困难——莫洛托夫在莫斯科会谈上干扰有关波兰问题的讨论——罗斯福先生建议进行政治休战——莫斯科的僵局依旧难以破解——事情有望取得进展

雅尔塔会议已经过去几个星期了。按照协议，扩大后的波兰政府应由所有的政党和不同意见的双方组成。现在很清楚，苏联政府是不准备执行会议商定的协议了。对于我们提出的波兰人选，莫洛托夫坚决拒绝表态，甚至也不允许其中任何人参加圆桌预备会议的讨论。他曾提议让我们派观察员到波兰去，我们立即爽快同意，这使他窘态毕现，张皇失措。我们的大使们提到这个问题时，他却故意刁难，拿其他事情来搪塞，争辩说这样做可能会影响卢布林临时政府的威信。莫斯科的会谈没有取得任何进展。苏联人和他们的波兰追随者需要的是拖延时间，他们不希望外来的观察员看到他们为了加紧控制国家所采取的各种严厉手段。这些冥顽势力认为：拖延每一天，好处乘时来。

因此，我向总统呼吁，希望我们能与斯大林共同举行最高级别的会晤。随后，我写了一封长信，详述了英美人所看到的波兰的情况。在这个关键时刻，罗斯福总统的身体日益衰弱，精力也逐渐衰退，健康状况堪忧。我发出了几份长电，我以为我仍像过去那么多年一样，还在同我信赖的朋友兼同事交谈着。可是，他再也不能完完整整地听到我的话了。我不知道他病得那么重，否则的话，我怎么会如此残忍地去催逼他呢！总统身边忠实的助手们急忙采取严密措施，将知道他身体状况的人限制在最小范围内。所以，复电是由许多人共同起草，

然后以总统的名义发出去的。由于身体不支，对于这些文件，罗斯福总统只能做出一般性的指示并予以批准。其努力奉公的行为堪称英雄壮举！自然而然，美国国务院倾向于在总统身体如此虚弱的时候，要避免恶化与苏联的事态，可让驻莫斯科的大使们肩负起与苏联人周旋的重担。原本哈里·霍普金斯可以私下帮忙，但他自己也是身患重病，经常缺席或者无法接受邀请。总之，这几个星期，大家都过得不轻松啊！

*　　*　　*

就在那天晚上，我在下议院演讲，谈到我们在雅尔塔经过努力所达成的结果时，苏联人在罗马尼亚做了件违反协定的事情，无论在道义上还是在形式上都是苏联人首先违反协定。根据最近签订的关于被解放的欧洲宣言，我们都有责任帮助在盟军所占领的各个国家内实现民主选举，建立民主政府。2 月 27 日，维辛斯基在事先没有任何征兆与知会的情况下，就突然出现在布加勒斯特，他要求谒见米凯尔国王，并且坚持认为国王应该解散各党派联合政府，这个政府是在 1944 年 8 月王室政变后成立的，曾领导人民将德国人赶出了罗马尼亚。这位年轻的君主在其外交部长维索亚努的支持下，拒绝了这些要求。第二天，维辛斯基再次请求觐见，国王建议他至少先跟各个政党的领袖们商量一下，他却充耳不闻，用拳头捶着桌子，咆哮着要国王立刻答应他的要求，随即走出房间，砰的一声关上了房门。与此同时，首都的街头布满了苏联的坦克和部队，3 月 2 日，一个由苏联指定的政府正式上台执政。

这个消息令我深感不安与烦恼，因为它预示着这将是日后事态的一种模式。对此，我们已被束缚到如此地步，除了抗议之外已无其他反制之策，因为艾登和我在 10 月间访问莫斯科时，曾经承认了苏联在罗马尼亚和保加利亚的主导地位，而我们在希腊的主导地位也应该予以尊重。虽然斯大林和他周围的人对于雅典城里历时六个星期的反对

人民民族解放军的战斗感到极为不快，但斯大林本人却对此表示完全理解。现在和平已经恢复，虽然我们面前还困难重重，但我还是希望我们能在几个月之后自由地、不受束缚地举行选举，最好是在英国人、美国人和苏联人的监督之下举行选举，并且在大选之后，能够按照希腊人民的意愿制定宪法和组建政府。

现在，斯大林正拽着黑海边的两个巴尔干国家走着相反的道路，这是同一切民主观念完全背道而驰的道路。他曾在关于雅尔塔原则的文件上签字，赞同民选政府，可现在这些原则却在罗马尼亚遭到践踏。但是，如果我对斯大林施压太多，他就会说："我并没有干涉您在希腊的行动，为什么您不能给我在罗马尼亚同样的行动自由呢?"这样施压只会导致一个结果：双方在行动目标方面做无谓的比较，进行无休止的争论，其结果是任何一方都不能说服对方。考虑到我和斯大林的私人关系，我深信在这个问题上和他争论，本身就是一个错误。

此外，我充分意识到波兰问题有多么重要，因此，关于罗马尼亚问题，我不想采取任何应对措施，因为这可能会影响以后波兰问题的解决。尽管如此，我觉得我们应该告诉斯大林，因为这与我们在雅尔塔会议上一致同意的关于被解放的欧洲宣言的精神相抵触。我特别担心这个政府的出现会导致对反共的罗马尼亚人被不加区别地清洗，并以法西斯的罪行指控他们。现在发生在保加利亚的事情就是这样的。因此，我向罗斯福先生建议，应该要求斯大林做出保证，这个新政府不要因为当时反法西斯的需要，以《雅尔塔宣言》曾鼓励他们那样作为理由，就立即开始不加区别地惩处和清除所有的敌对分子。

最令人失望的是从莫斯科传来的关于波兰方面的消息。对于苏联独霸波兰，英国朝野舆情激昂，一片反对之声。相比较而言，英国政府中多数派的声音还远不及英国各党派、各阶级私底下的强大舆论。工党党人和保守党人、社会主义者和天主教徒对此同样反应激烈。我在议会里一直强调，雅尔塔宣言将会不折不扣地得到执行。然而，一旦我们受欺骗的真相被暴露，一旦他们在波兰关起门来进行暗箱操作的伎俩被揭穿，无论这些手段是苏联人直接耍弄的，还是他们的傀儡

卢布林遵照指令耍弄的，都必然要受到英国公众严厉的舆论抨击，英国的局势也因此变得严峻起来。就在欧洲和远东地区的一切军事行动进展顺利的时候，我们和苏联人之间却产生了裂隙，这已是公开的事实，不仅英国政府层面知晓，连英国广大人民群众也无不知晓。

刚开始，形势发展颇为乐观，充满希望，可是在极为短暂的一段时间之后，莫洛托夫对于克里米亚达成的解决方案，除了顽固坚持自己极端僵硬和狭隘的解释之外，对于其他任何解释，一概拒绝接受。实际上，他正在图谋阻挠我们的候选人参加各种协商会议，坚持解决波兰问题必须以贝鲁特及其同伙的观点为基础，并且撤回了之前让我们向波兰派出观察员的提议。很显然，他就是要让跟“非卢布林派”波兰人的协商以闹剧收场，好让波兰新政府在被乔装打扮一番之后，在愚昧无知的人们眼里还有几分值得尊敬的样子；他还想在选举之前甚至新的民选政府成立之前，不让我们识破他们在波兰搞清算、驱逐异己以及建立一个极权政治制度的各种阴谋诡计。如果我们不把事情的真相公之于众，全世界还以为是罗斯福和我丘吉尔在签订克里米亚协议书时就签订了一份骗人的计划书呢！

不管怎么说，我是向议会作过承诺的，如果新的波兰政府不能按照雅尔塔精神建立，我会如实向议会报告事实真相。我深信制止莫洛托夫耍手段的唯一办法就是给斯大林寄发一份私人信件，并明白指出，什么才是我们必须面对的根本问题，如果在波兰问题上我们制止不了莫洛托夫的一意孤行，我将必须向议会如实报告我们的失败。书信中所涉及的远不止波兰问题，我们还与苏联人讨论了诸如民主、主权、独立、代议政体，以及自由的、不受任何束缚的选举等问题。虽然这些都是关于民主政治的术语，但却是测试我们和苏联人如何理解其意义的一个案例。因此，我在 3 月 8 日就这些看法催促总统，并且提议我应该就以下内容给斯大林写信，我希望他寄给我一封类似的回复函，提出同样的起码的要求。

我发给斯大林的电报如下：

……我不得不告诉您，如果莫斯科的委员会最终不能在以下几个基本方面达成共识，我就只能向议会发表声明，宣布我们合作的失败。

1. 莫洛托夫先生似乎还在争辩，说克里米亚公报的条款已经确定了现在的华沙政府拥有首先与它协商所有事情的绝对权力。他所谓的公报中有关段落的英文文本是美国起草的，不可用来阐释公报。所以，莫洛托夫的辩解不能被接受。

2. 除非该委员会一致议决应予以排除者外，所有由三国政府中任何一国提名的波兰人，应一律被接纳参加协商会议，而且应当尽一切努力，尽快将他们的名单提交给该委员会。委员会应该确保受邀的波兰人能够与他们想要磋商的波兰人进行自由交流，不管这些人是在波兰境内还是在国外，并且这些受邀的波兰人有权向委员会提名出席会议的其他波兰人的名单。凡出席委员会会议的波兰人，在莫斯科期间自然享有行动和彼此之间通信的完全自由，在协商会议结束之后，他们可以自由离开，到他们想要去的任何地方。莫洛托夫先生反对邀请米科莱契克，但是，他的出席确是极为必要的。

3. 受邀参加协商会议的波兰人应该共同讨论，达成一致协议，建立一个真正能代表波兰各方面人士意见的新政府，然后将协议提交到委员会。讨论的问题也要包括总统行使职权问题。委员会主持这些讨论时应该以公平仲裁的身份出现。

4. 在委员会的讨论结束之前，苏联政府应该充分利用其影响力，阻止华沙政府进一步采取任何在法律上或行政上带有根本性的措施，以免影响波兰在社会、宪法、经济或政治上的状况。

5. 按照莫洛托夫先生早期在委员会的主动提议，苏联政府应该安排英美观察员访问波兰，并对那里的局势提出报告。

我们绝不能让波兰成为我们两国人民产生分歧和误解的源头。正是因为这样，我深信您会理解我们在雅尔塔决议的

基础上尽快解决波兰问题是何等重要！正是由于我相信您会竭尽全力促成此事，我才给您发这个电报。

两天之后，我又给罗斯福发了一份电报：

首相致罗斯福总统：

根据他们的惯用伎俩，卢布林派的波兰人很可能答复说，他们的政府能够独自保证“国内政治的最高稳定”，他们已经代表了大多数的“波兰民主势力”，他们不能跟流亡的波兰卖国贼或与法西斯合作过的通敌分子以及地主老财们同流合污。

在此期间，我们不会被允许进入波兰境内，或者无法通过其他的手段获得当地的消息。长期拖延的方法对苏联人极为有利，以便他们和其傀儡畅行无阻地清洗不支持或不喜欢他们的人。现在我们根据克里米亚决议的精神和意图，笼统地提议让这些波兰党派（他们彼此之间形同水火，势不两立）之间进行政治休战，这会让他们在国内的清洗行动更加肆无忌惮，而且还可能意味着我将放弃上次给您的电报中所提出的那些明确要求。所以，对于政治休战的提议，我极难同意。

我曾经向您提到过，这里的反应十分强烈，已有四个部长拒绝参加表决，两个部长已经辞职。所以我恳求您充分考虑我上次的那份电报。

1945 年 3 月 10 日

3 月 11 日，总统向我保证说，我们的目标是一致的，即阻止卢布林派的波兰人迫害他们的政敌，同时也不让卢布林派受到对方的迫害。他坚称，我们之间唯一的不同点在于策略方面。我是将要求原封不动、直截了当地向苏联政府提出的，而他却觉得提出一个总的政治休战会

让我们获胜的概率更大些。在雅尔塔，斯大林着重指出了流亡伦敦的波兰政府地下军为了反对苏军和卢布林派的波兰人而组织的恐怖活动。是不是确有其事并不重要，这是苏联政府一直坚持的立场。但是，如果我们只要求让卢布林派的波兰人单方面停止迫害他们的政治反对派，斯大林肯定会拒绝。我们也有可能被指控蓄意阻挠他们的土地改革，而且卢布林派的波兰人可能会说，只有他们才能保卫农民，反对地主老财，进行土改。

罗斯福同意派观察员去波兰，但是他觉得最好是等到我们的大使们向莫洛托夫呼吁之后，再由我们两人之中的一人亲自和斯大林接触。他在电报中说："在苏联政府还未把一切可能的招数完全抖出来之前，我觉得我们最好谁也不要出面干预。所以，我特别希望您不要在这个节骨眼上给约大叔写信，特别是我觉得您的电文中的某些部分可能会产生与您意愿相悖的结果。当然，在这个问题上我们必须保持密切联系与沟通。"

据我所知，莫斯科谈判已成僵局。听从总统的意愿，绝非我本意，但是，没有美国的帮助，我们在一切事情上只能裹足不前。如果我们双方步调不一致，波兰就要遭殃了。雅尔塔会议结束一个月了，事情却毫无进展。毫无疑问，卢布林派抓住了这段时间，努力工作，不遗余力地树立他们的权威以达到不可动摇的地步。

因此，3 月 13 日，我同意暂时不直接写信给斯大林，但是我请求罗斯福先生让我们的大使将我在之前的信函中所陈述的内容要点提出来。我坚信，如果我们不能说服苏联人同意这些基本的程序，那么我们在雅尔塔所做的一切都是徒劳的。

雅尔塔会议之后，在莫斯科进行讨论的时候，我们的目标十分简单，就是要把波兰境内和其他地方的协商代表聚集到一起，促使建立一个能被承认的新政府，它必须能充分地代表整个波兰。看看米科莱契克和他的两三个朋友是否收到邀请就可检验出事情有无进展。这些人已辞去了流亡在伦敦的波兰政府的职位，因为他们意识到，他们必须同苏联人达成良好的谅解。

我深感担忧的是，罗斯福先生给他们大使的指示并不能扭转我们在波兰问题上的颓势，即便那里的情况会有所变化，其效果也是微不足道的，因为这些指示中唯一明确的建议是波兰各党派之间的政治休战，这反倒会把我们英美双方置于一个非常不利的地位。苏联人马上就会说，是反卢布林的波兰人正在破坏休战，跟卢布林没有关系。我毫不怀疑，流亡伦敦的波兰政府的某些支持者，特别是极右翼的地下军队，也就是波兰右翼地下军可能会成为苏联人和卢布林口诛笔伐的靶子。他们不允许我们到波兰去了解真实情况，我们只能听任他们颠倒黑白。经过两个多星期关于休战的谈判之后，不由得回想起我们在雅尔塔会议以前的那些日子，那时的我们具有怎样的地位！这个时候，总统和我一致认为无论如何米科莱契克应该得到邀请。

我在一份私人电报里说明了这一点，并得出如下结论：

首相致罗斯福总统：

苏联人对于边界线的意见，我们在雅尔塔就已经同意了。波兰已经失去了他的边界了，难道现在连自由也要失去吗？这个问题无疑会让这里的议会和群众争论不休。我并不想暴露英美两国政府之间的分歧，但是我当然必须说明我们正面临着巨大失败，在雅尔塔商定的事情已全部失效。但是我们英国人并没有能力推动或扭转这个颓势，不过，我们已倾尽全力了。在波兰人召开协商会议并组织新政府的日子里，莫洛托夫就看出他已击败了我们，他比谁都清楚我们会容忍一切。另一方面，我相信如果我们联合起来施加巨大压力，坚持我们一直遵循的方针，坚持我给斯大林信函中的建议，我们就很有可能扳回颓势，赢得胜利。

1945 年 3 月 16 日

华盛顿收到我 3 月 8 日的长电之后，给我拍发了一封言辞激烈的复电。毫无疑问，这一复电是美国国务院拟定的。

罗斯福总统致首相：

对于您13日来电中所表示的看法，我不得不感到忧虑。您提到我们两国政府之间对波兰的谈判存在着分歧，我不明白您指的是什么。从我们这一方面来说，肯定不存在任何政策分歧的迹象。我们一直在探讨最有效的策略，并且在我们还没有努力克服莫斯科谈判中出现的困难之前，我不认同雅尔塔协议已崩破失效的说法。您说我们给哈里曼（大使）的指示中唯一明确的建议就是波兰各党派之间的政治休战，对此我感到非常不解。那些指示，您也有一个抄件，不仅可以说明我们对于雅尔塔协议的理解，而且也明确指出，对于被邀请参加协商会议的波兰人名单，委员会应该亲自审核后予以同意。由三个集团组成的改组政府，无论其中哪一个集团都不可以指定邀请其他两个集团中的某一个人到莫斯科来……我们的主要目的……仍然是，在不做出让步的情况下，促使谈判继续进行，并且要首先解决谈判停止的问题。我不得不敦促您同意立即给我们的大使们发出指示，以便恢复谈判，因为这件事极为重要……基于这种见解，我已经考虑过您3月8日来电中拟向斯大林提出的各点，并提出意见如下：

我们同意第（1）点中所指出的，华沙政府不应在一切事情上享有绝对的优先协商权，这一点在我们给哈里曼的指示中也提到过。

我不相信莫洛托夫会接受第（2）点里所包含的建议：任何波兰人均可以被邀请参加协商会议，除非委员会中所有三个成员一致反对。我也反对在这个时候提出这样的建议。因为照我看来，这几乎必然会使我们陷入僵局，却反而会让卢布林派的波兰人获益。我还认为，在谈判的现阶段提出行动和通信自由的要求会引起一些不必要的争论。

关于第（3）点，我同意被邀参加协商会议的波兰人应该共同自行讨论政府的组成问题，而委员会则尽可能以公正

的、仲裁的、主持会议的身份出现。哈里曼已经接到这种意愿的指示，但是他觉得第（3）点似乎可以往后放一放，我也同意他的意见，因为现在看来还不是那么紧迫。

第（4）点“关于停止在波兰做任何重大的改变”，我在上一封电报中已经提到过了。我还是认为，要想达到预期结果，我们最好先评估一下采用的方法或途径是否合适。

关于第（5）点“派遣观察员一事”，您回想一下就会记起来，莫洛托夫曾对此表示同意。当时，克拉克·克尔透露您打算派一个人数众多的特别代表团去的时候，莫洛托夫还大为吃惊呢。我愿意把您在第（5）点里所建议的内容作为给艾夫里尔的指示寄发给他。

根据上述考虑，您是否同意我们的大使们按照指示进行……请立刻告知。

1945 年 3 月 13 日

我再次致电罗斯福总统，复电答复如下：

首相致罗斯福总统：

令我深感欣慰与放心的是您不认为我们之间存在什么根本性分歧。我也同意我们之间只是在策略上有所不同而已。您大概不知道，我们的最大心愿就是要与您保持步调一致。我也知道，一旦被他人窥视到我们之间哪怕有那么一点点不协调，波兰的地位就岌岌可危，希望也就变得渺茫……

哈利法克斯会向您详细解释我们对于各点的看法，我仍然认为有必要把这些观点包括进去。您同意第（1）点“即华沙政府不应在一切事情上享有绝对的优先协商权”，对此，我表示欢迎。关于第（2）点“邀请波兰人参加协商”，如果莫洛托夫否决我们的每一个建议，那该怎么办？再者，如果受邀的人没有行动自由和通信自由，那他们还有什么用？我

们早些时候就曾向莫洛托夫提到过后面这一点，他当即表示反对。实际上，我们当时还没怎么弄明白他反对的原因，但是米科莱契克却以此作为他前往莫斯科的一个条件。而且我十分怀疑我们是否能说服他前往莫斯科，除非我们向他转达某种确切的保证。同样地，我们应当对那些我们希望被邀请的反对卢布林派的波兰人做出保证，对于谈判的性质和委员会的仲裁身份，我很希望跟莫洛托夫达成协议［我的第（3）点］。如果您极力反对现阶段把总统的职权问题提出来讨论，我定当让步。实际上，这对波兰人来说是一件十分重要的大事，不应该不许他们进行讨论。关于第（4）点“要求苏联政府阻止华沙政府对波兰现状做出任何重大的改变”，您说政治休战计划会达到预期结果，对此，我恐怕很难赞同。我们怎么保证得了波兰人或者这里的波兰政府的支持者们不会说什么、不去做什么呢？否则，苏联人就会认为这是违反了政治休战呀！我担心政治休战计划会把我们带进一个长期拖延的死胡同，由此会招来一片指责之声，至少流亡伦敦的波兰政府可能也会连带成为众矢之的。所以，我难以同意您的休战建议，因为我们认为那会变得更加危险。我再一次最诚恳地请求您考虑是否接受这个方案——一个可能阻止波兰发生重大变化的修改提议。这将使得我们的观察员在工作方面［第（5）点］有据可依，我很高兴得知我们在第（5）点上彼此意见一致。

目前，所有进入波兰的关口都死死地关着，我们的代表们完全被拒之门外。现场拉起了一幅厚厚的帷幕，挡住了我们的视线。甚至连那些帮助我们领回获救战俘的英、美联络军官也遭到同等对待。根据我们的情报，已经到达卢布林的官员，不论是美国的或英国的，都同样被要求离境。我心里明白苏联人十分害怕我们看到正在波兰发生的一切。他们除了这样对待波兰人以外，还正在十分粗暴地对待德国人。不管什么理由，他们就是不让我们看到。我们的境遇不应该是

这样的啊，受到欺侮还不能辩白！

1945 年 3 月 16 日

尽管我对总统的健康状况没有确切的消息，我却有这样的感觉：除了偶尔闪现出勇敢和睿智外，他所发给我们的这些电报都不是他的手笔。因此，我以个人的名义和私人口吻给他发了一封电报，希望能缓解他的压力，不需要像处理公务时那般费力。

前一阵子我给您发了相当多的电报，希望不至于使您感到厌烦。我也是不得已，因为有太多的困难和纠缠难解的问题。我们的友谊坚如磐石，也给我提供了建设未来世界的基石与平台，只要我仍然是一名建设者，我就会充分利用这个基石与平台。我总是想起过去那些惊天动地的日子，比如，您规划租借法案的日日夜夜，我们在阿根夏的会见，我衷心赞同您做出向非洲进攻的决定，当我在托布鲁克失利，您慷慨地送给我三百辆“谢尔曼”式坦克以示安慰，这些坦克在之后的阿拉曼战役中大显身手，声名远扬。我记得我们的个人关系有力地推动了世界事业的发展，而现在正在推动着我们向第一个军事目标靠近。

为了这项或那项任务，我正在把我的大部分同僚派到华盛顿和旧金山去，因此，这个时候我选择留下来看家。您很久之前就承诺来英国访问，我一直期待着这一天的到来。克莱美[①]由于红十字会的工作定于下星期动身远赴苏联乌拉尔地区，这是受约大叔（假设可以大胆地这样称呼他）的邀请前去访问，但她会及时赶回来迎接您和埃利诺。我无时无刻不在想念着你们！

即使按照我们的条件与德国和日本媾和，您和我（如果

① 作者对他的妻子克莱门丁的爱称。——译者注

我还肩负首相的职责的话）也不会有太多的时间休息和调整。根据我上次的观察来看，巨人之战过后侏儒之战就要开始了。这个世界疮痍满目、饥肠辘辘，它需要恢复元气。关于我们的做法，约大叔和他的继任者们有什么看法？前几天与人聊到党派政治，真的让我感到轻松很多。这就像是干了炼钢铁的活儿之后做木工活儿的感觉。这封电报的好处在于里面不涉及任何公务，除了我跟罗森曼①谈到的生计之外。

祝万事如意！

温斯顿

1945 年 3 月 18 日

总统显然对这个内容轻松的信函感到满意，因为两天之后他给我发来了一封电报，他觉得我会喜欢。其内容如下：

罗斯福总统致首相：

如果您方便尽快会见伯纳德·巴鲁克的话，我将十分感激。尽管他把您当作一位老朋友看待，但他还是希望在他动身之前能取得您的同意。如果您能给他发一封电报，我同样非常感激。

1945 年 3 月 20 日

首相致罗斯福总统：

我殷切期盼同伯纳德见面，他是我的一位老朋友。我正在给他发邀请电报，他能来访，我感到无比高兴。我想知道他具体哪天抵达。

1945 年 3 月 21 日

① 塞缪尔·罗森曼法官是罗斯福亲近的私人顾问之一，他曾经帮助起草总统关于雅尔塔会议致国会的报告，这时候他正好到伦敦来看我。

我经常疑心他是不是没有很好地利用巴鲁克关于美国政治和战时生产的渊博知识和经验。

巴鲁克先生按照计划来了，并且我们进行了一次亲密长谈，这使得我和总统之间能够进行一次间接的、愉快的意见交换。我曾经希望能找到一种新的联系途径，可以与我的这位重要同事和伙伴进行通信和交流。唉，怎么就到了我们结束谈话的时候了！

首相致罗斯福总统：

我很高兴从今天早晨收到的众多来电中看到了一封您的来电。获悉您已返回华盛顿，并且精神如此健旺。昨天我已见过伯纳德，今天晚上他还要来和我共度周末。他看起来兴致勃勃，神采飞扬。正如您知道的，我认为他是一个十分聪明的人。怀南特明天会来，克莱美正在飞向莫斯科的途中，她要在苏联各处飞行至少一个月光景，这一切都使我有些惴惴不安。

1945 年 3 月 30 日

罗斯福总统致首相：

我已收到您的电报，令人非常愉悦。

伯纳德经验丰富，是个有智慧的人，他的努力应该会对我们大有帮助。

我们希望克莱门丁在苏联各地的飞行旅途，首先是一路平安，其次是富有成果，我相信一定是这样的。从我们的观点来看，目前的战事进行得十分顺利，我们现在还可以抱有希望，希特勒主义崩溃的日子比我们以前所预料的要来得快、来得早。

1945 年 4 月 1 日

* * *

英美两国终于在策略与行动步调上达成了一致。与此同时，正如我们在伦敦所预见的那样，莫斯科的僵局仍然无法打破。苏联的政策已日益明显，他们就是要利用他们屡试不爽的那一套，既恣意控制波兰而又做到不易被人们所察觉。他们要求只能由卢布林政府代表波兰出席旧金山会议。在遭到西方国家拒绝之后，苏联就不让莫洛托夫出席了。这样就威胁到了旧金山会议的整个进程，甚至会议本身都有可能无法举行。对于我们大使一致同意的 3 月 19 日的信函以及 3 月 23 日的讨论要点，莫洛托夫做出了回复，对于提到的每一个问题，莫洛托夫都断然否决；对于其他没有提到的，莫洛托夫也置之不理。他坚持认为对雅尔塔公报无论从字面还是从内容上解读，都只是可以在苏联控制的傀儡政府里面增添几名波兰人而已，而且还要事先与这些傀儡商量。他固执己见，声称对于米科莱契克和我们可能推荐的波兰人，他都有否决权，并且还假装说，对于我们很早以前就已提交了的推荐人名单，他没有足够的信息资料。我们提议在波兰人自行讨论的时候，委员会主持会议应该只是以仲裁者的身份出现，对此，他却避而不谈。我们提出建议：凡在波兰采取的任何足以影响波兰国家前途的措施，以及可能会搅乱安宁的反对某些个人和团体的行动都应该加以避免，对此，他也充耳不闻。莫洛托夫出尔反尔，拒不承认自己曾经主动提议让我们向波兰派观察员的事实，反而叫我们自己去跟华沙的傀儡们谈这件事。显而易见，他的策略是把事情拖延下去，而卢布林委员会则抓住一切时间去巩固他们的政权。我们的大使们在进行谈判时也没有指望波兰问题能得到坦诚的解决。那些谈判只意味着我们被人牵着鼻子走，转移了话题，转移了注意力，而把时间浪费在寻找一些无助于解决重要问题的方案上了。

3 月 27 日，我觉得有必要对几个问题进行重新讨论。

首相致罗斯福总统：

……正如您所知道的那样，如果波兰问题得不到令人满意的解决，艾登和我肯定要向下议院报告此事。事实上，我们是受了苏联的欺骗。我曾在下议院劝告过那些批评雅尔塔协议的人要相信斯大林。如果我必须向下议院陈述事实，那么全世界就会推断，如此的劝告简直就是一个错得不能再错的错误。尤其是我们在波兰的失败，其后果就是套用新的罗马尼亚模板在波兰建立一个苏联傀儡政权。换句话说，“东欧”这个词语就会从被解放的欧洲宣言里被永远抹去，而且你们和我们在这个地区的任何一点影响，也将被排挤得一干二净。

我们绝对不可以被人操纵，成为把苏联版的民主强加给波兰和东欧其他不少国家的参与者……看起来，我们似乎只有两种选择，一是自己承认完全失败，二是坚持我们对雅尔塔宣言的解释。但是，我相信再试图和莫洛托夫争论这件事已经没有用了。基于这个考虑，难道现在不正是我们两人就波兰问题给斯大林发电报的时机吗？我很快会再给您发一封电报，简述我们对此事的粗略看法，希望您能赞同。

我的看法是，别指望能产生良好的结果，该想的办法都想过了。如果我们遭到断然拒绝，那就是一个极为不祥的征兆。看看苏联人违反雅尔塔精神的桩桩行为吧，诸如，在“纵横字谜”事件中，莫洛托夫极为粗鲁地质疑我们的解释；对我们释放德国俘虏表示不满，并提起诉讼；罗马尼亚发生的政变；苏联拒绝实行被解放的欧洲宣言；还有苏联人为了阻碍欧洲咨询委员会取得一切进展所设置的种种障碍，等等。这哪一件、哪一桩是吉兆？

还有，你对莫洛托夫退出旧金山会议有什么看法？这件事给我留下一个很坏的印象。这意味着苏联人要躲闪开呢，还是他们要讹诈我们？依照我们两个人的理解，即将成为旧金山会议讨论基础的敦巴顿橡树园方案，就是以大国团结一致的设想为基础。如果在波兰问题上不存在这种一致——这个问题毕竟是战后要解决的一个重大问题，姑且不说刚才所提到的其他事件——那么，我们可以合理地问一下：新的世界组织的成功前景是什么？在这种情况下，我们未来世界和平的整个结构难道不是建在沙滩的基础上吗？这岂不是十分明显？

所以我相信，要想旧金山会议顺利召开，我们两人都必须就波兰问题尽可能强烈地呼吁斯大林，如果有必要的话，可以将任何不利于克里米亚和谐的其他事情一并提出来。只有这样，我们才能真正有机会按照所规划的路线建立世界组织，而这个路线是各国公众舆论都赞成的。莫洛托夫不出席旧金山会议将留下可悲的记忆，我真的不确定现在我们要不要向斯大林提起这件事。

1945 年 3 月 27 日

关于这一点，我在当天的晚些时候又提出了一条积极的建议。

首相致罗斯福总统：

1. 我们两人可否告诉他（斯大林），我们感到很苦恼，因为彼此对《雅尔塔协定》的解释各执己见，使得波兰委员会无法工作，被迫停顿下来。在那些决定中一致同意的目标就是，经过卢布林派的波兰人和其他波兰民主人士代表共同协商，建立一个全国统一的新政府，而且能为我们双方政府所承认。我们所提名的那些波兰人选没有得到任何答复，据说是因为缺乏提名人员的详细资料。我们曾把提名人员的资料充分提供给他了呀！哪有一个国家否决全部提名的？不应该嘛。我们认为，我们提名参加讨论的人选有利于提高同盟国之间的信任，当然不存在允许卢布林方面出来阻挡他们的

问题。我们会接受他们的任何提名，并且同样相信苏联政府绝不会提名亲纳粹或反对民主的波兰人士。波兰人齐聚一堂共同讨论建立新政府的问题，委员会应该以仲裁人的身份主持会议，监督他们公正行事。莫洛托夫要求首先跟卢布林的波兰人协商，可公报中并没有这样的规定啊！我们不反对莫洛托夫首先去跟卢布林协商，但我们也不能授权我们的代表们跟着莫洛托夫那样做吧，因为我们认为那样做违背了公报精神。还有，让我们感到既吃惊又遗憾的是，莫洛托夫早前曾提议我们可以向波兰派出观察员，可他现在却撤回了这个提议。他的确会装，竟装作似乎从来没有提出过这样的建议，并且还建议我们去向华沙政府提出申请。简直岂有此理！斯大林想必明白《雅尔塔协定》的整个要点就是建立一个我们都能承认的波兰政府，所以我们显然不能与现在的政府打交道。对于派遣观察员的提议，我们相信他会予以尊重，而且他在他的华沙朋友里面很有影响，即使他们心中不愿意同意，他也会予以轻松化解。

2. 另外，斯大林也一定会明白，三大盟国正在筹划建立一个全国统一的波兰新政府，此时的波兰当权者们不应该做自毁前途的事。我们已经要求苏联政府对他们在那里暂时掌权的朋友们施加影响。为了这个目的，我们相信斯大林会采取措施的。

3. 斯大林将会看到3月19日我们“大使们的”通报的措辞无可挑剔，最为合理。至于我们的建议是否与《雅尔塔协定》的精神根本相悖，他该不会在粗略扫一眼之后就立刻做出裁定吧？为了实现按照雅尔塔精神解决波兰问题的目标——也就是说，建立一个英美两国都能承认的代议制政府，我们盟国提出的建议是否可行并能予以遵守呢？现在应该正当其时，解决波兰问题不可再拖了吧？

1945年3月27日

总统回复说："自克里米亚会议之后，我一直满怀焦虑地密切关注着苏联态度的变化。"他提出的建议，可供我们的大使们在今后的进一步谈判中采用。他终于决定："我同意您的意见，现在该我们和斯大林直接交涉了，可以就苏联对待问题的态度的方方面面进行更为广泛的交涉（特别是关于波兰问题）。我会即刻给您发报，电文将包括我提议的全部内容。希望您能尽快让我知道，对此您将有何看法。"

我当然感到非常欣慰，因为我们终于一致同意跟斯大林直接对话交涉了。一直以来，我都深信，只有这样才能取得任何实际的结果。3月30日，我发电报给总统："我感到很高兴，因为您同意时机已到，我们两人可直接和斯大林交涉了。您起草的电文稿是一个严肃而有分量的文件，虽然它没有把我们的意见完全表达出来，但我是由衷地拥赞，全心全意地接受。在给斯大林的相同电报中，我也会说明我完全赞同您的意见。"

4月1日我亲自给斯大林发报。

首相致斯大林元帅：

1. 我想您现在已经收到美国总统的电报了。承蒙总统盛意，他在拍发电报之前还特意将电文给我一阅。因为职责所在，我谨代表英王陛下政府向您致意，我们大英战时内阁衷心拥赞总统的电报，并将身体力行之。

2. 有两点或者三点我想特别强调一下。首先，我们不认为在莫斯科的讨论体现了雅尔塔精神，不仅没有体现出雅尔塔精神的要点，甚至连雅尔塔精神的只言片语也没有见到。这是的的确确的事实。我们也从来没有想到过，我们英、美、苏三方本着如此善意指派的委员会竟不能以互谦互让的精神迅速、顺利地执行任务。我们曾想当然地以为，一个"新的"和"改组过的"政府目前已经建立起来了，并且得到了联合国所有成员国的承认。原本是想以此向世界证明我们有为世界的未来而团结协作的能力和决心！不过，我们现在努

力去实现它还不算为时太晚。

3. 然而，经过同意，委员会把波兰国内外有代表性的波兰人召集在一起，共同讨论协商建立一个新的、被世人承认的波兰政府。出席的代表倒不一定要进入政府工作，只参加自由和坦率的协商。由于否决权的提出与实施，波兰甚至连起初的一步都受到了限制，哪怕只是被邀请去参加协商会议，只要苏联或卢布林政府不同意，不管谁邀请，都会被否决。因此，我们绝不同意我们三方之中任何一方拥有这种否决权。这里有一个被否决的极端案例：米科莱契克先生是一个被英美各界普遍认为波兰在国外最为杰出的人物，可他就因为被否决而无法参加协商会议。

4. 莫洛托夫之前曾主动提出可以让观察员或信使代表进入波兰，可现在他又撤回了这个提议。得知这个消息，我们是又惊又悔。我们也因此失去了亲自核对各种消息真伪的手段，可是流亡伦敦的波兰政府几乎每天都传来令人痛心的消息。我们不明白你们为什么要拉起一幅厚厚的帷幕，把整个波兰严密遮挡起来。如果苏联政府要派信使代表或个人到我们的任何军事占领区来访问，我们总是给他们提供最大便利。苏联人已经接受了好几次这样的邀请，并且实际上已进行了访问，双方都感到很满意。我们要求大家在这些事情上应遵守“礼尚往来”的原则，这样也有助于我们为开展长久合作打下良好的基础。

5. 总统又给我看了他和您之间关于莫洛托夫未能出席旧金山会议的往来电文。经过雅尔塔愉快而又充满希望的团结，突然向我们袭来一场风暴，这给我们增加了许多困难。我们曾希望美、苏、英三国外交部长的出席能有助于这些问题的解决。然而，对于莫洛托夫无法摆脱公务、必须留在苏联一事，我们并不质疑。

6. ……如果我们寻求波兰问题达成协议的努力注定失败

的话，那么议会在复活节之后恢复工作的时候，我一定会向议员们坦诚失败的事实。在英国，为苏联的事业辩护，再也没有人像我这么倾注热血、这么满怀信心！1941 年 6 月 22 日，第一个大声疾呼支持苏联政府的人是我！自从我向全世界宣布了苏联西部以寇松线为边界是公正的之后，整个世界一片震惊！现在，事情已经过去一年多了，而且英国议会和美国总统都已接受了这条边界线。作为苏联真诚的朋友，我向您和您的同事们呼吁，与西方民主国家就波兰问题达成坦诚的谅解吧！不要拒绝我们为引导世界未来而伸出的友谊之手！

1945 年 4 月 1 日

一周后斯大林给我们两个都回了信。他责怪英美驻莫斯科大使把波兰事务带进了“一条死胡同”。我们在雅尔塔时就同意以卢布林政府为核心并加以改造，组建新的波兰政府。相反，我们的大使却想废止卢布林政府，建立一个完全崭新的政府。在雅尔塔，我们也曾同意跟波兰国内的五个波兰人和从伦敦来的大约三个波兰人协商，而我们的大使们现在却主张莫斯科委员会的每一个成员都可以从波兰和伦敦这两个地方邀请人来参加协商，而且还不限定人数。对此，苏联政府自然不能容许。作为一个整体，委员会应该决定谁该被邀请。这些被邀请的人必须只限于接受《雅尔塔协定》的波兰人，包括接受寇松线的波兰人和真正期望保持波兰跟苏联之间友好关系的波兰人。他写道：“苏联政府之所以这样坚持，是因为苏联的士兵们为了波兰的自由，流了太多的血；在过去的三十年里，敌人曾经两次利用波兰入侵他们的领土。”然后，斯大林总结出我们走出死胡同应采取的步骤。对于卢布林政府必须加以改造而不是简单废掉；对现有的部长倒是可以换掉几个，用新面孔取代老面孔；被邀请参加协商会议的人员只能限定 8 人，其中五名来自波兰国内，三名来自伦敦，但所有这些人都必须接受《雅尔塔协定》，并且对苏联政府是友好的；卢布林政府在波兰有“极

大的”影响力，所以应该首先跟它进行协商，因为其他任何行为都有可能侮辱到波兰人，并且会让他们觉得我们没有听从大众意见就把一个新政府强加给他们。他最后说道：“我觉得如果把上面的建议纳入考虑，短期内波兰问题就能达成一致意见。”

斯大林也给我发了一封私人信函。

斯大林元帅致英国首相：

1. 作为莫斯科委员会的成员，英美大使无视波兰临时政府的意见，也不考虑这些波兰人对于克里米亚会议中有关波兰的决定所持的立场以及他们对苏联抱有什么样的态度，而是坚持邀请这些人来参加协商。他们发出最后通牒，坚称邀请这些人到莫斯科来是绝对有必要的，比如，对于米科莱契克，他们就是这样做的，可是他们却不考虑米科莱契克曾公然反对克里米亚会议关于波兰的决定的立场与态度。不过，如果您认为有必要的话，只要米科莱契克愿意公开宣布接受克里米亚会议关于波兰问题的决定，并拥护在波兰和苏联之间建立友好关系的主张，我就利用我对于波兰临时政府的影响，让他们撤销反对邀请米科莱契克的要求。

2. 您觉得奇怪，为什么波兰地区的军事行动总是那么神秘莫测，事实上这里没有神秘，无须探测。你们忽视了一个事实，就是如果英国的或其他外国的观察员被派到波兰去，波兰人会认为这是对于他们民族自尊心的一种侮辱，而且他们心中还记着一件事，就是他们认为目前英国政府对于波兰临时政府的态度是不友好的。就苏联政府而言，他也不能无视临时政府对于派观察员到波兰的抵制态度吧。还有，您也知道波兰临时政府并没有阻碍对它持有另一种态度的其他国家代表到波兰去，而且一点也不加阻挡，例如捷克斯洛伐克政府、南斯拉夫政府及其他政府的代表就可以随意进入波兰。

3. 我跟丘吉尔夫人作了一次畅谈，她给我留下了极为深刻的印象。她把您送给我的礼物转交给了我。请允许我对此表示衷心的感谢！

1945 年 4 月 7 日

这些仔细审议过的文件至少提供了一些进展的希望。我立刻与米科莱契克和其他波兰代表进行了一番颇费周折的讨论，希望他们能毫无保留地同意《雅尔塔协定》。

4 月 11 日，总统发电报：“我们一定要特别谨慎地考虑斯大林的态度的内在含义和我们下一步的行动计划。当然，我没有和您商议之前，不会采取任何行动，也不会发表任何言论，我相信您同样也会如此。”

第七章
SEVEN
苏联的猜疑

无条件投降和有条件的军事投降——卡尔·沃尔夫将军在瑞士会见艾伦·杜勒斯先生——莫洛托夫的侮辱——艾森豪威尔的愤怒——斯大林给总统的电报——罗斯福先生的谴责——假装道歉

在前一章中，我们长时间以来的书信主要围绕着苏联违背雅尔塔精神引发的所有麻烦事进行，与此同时，英美政府和苏联之间也进行着更棘手、更重要的交涉。关于这些问题，采取分章详述的方法是明智的，但是请切记分章叙述的事件是前后衔接、密切关联的。

到了2月中旬，纳粹党人意识到他们快要战败了。苏联军队所向披靡，亚历山大在意大利获胜，德军在阿登反攻失败以及艾森豪威尔向莱茵河挺进等，这一切令所有的德国人都相信投降已是迫在眉睫而且是不可避免的了，只有希特勒和他最亲近的党羽才视而不见。问题是，向谁投降？德军不能在两面同时作战了。和苏联和平相处显然也是不可能的。德国的统治者们太熟悉极权压迫了，他们绝不会从东方把它请进来。那么就只剩下西方的盟军了。他们争论着能不能和英国、美国达成协议。如果西线能休战，他们就会集中兵力阻止苏联军队的前进步伐。只有希特勒还顽固不化，企图在第三帝国瓦解时和它同归于尽。但是，他的党羽中有几个人却试图和讲英语的盟军秘密接触。当然，这些提议都被我们拒绝了。我们的先决条件是他们要在各个战场上无条件投降。同时，我们授权战地指挥官有权接受敌军的纯军事性投降。当我们在莱茵河作战的时候就已有这样的安排，这一尝试却引起了苏联人和美国总统之间的一次严重交涉，不过，我本人是支持总统的。

2月，驻意大利的纳粹党卫军指挥官卡尔·沃尔夫将军通过意大利中间人的介绍，与美国驻瑞士的情报机关取得了联系。那时决定查证相关人员的证件，联络代号定为“纵横字谜”。3月8日，沃尔夫将军亲自来到苏黎世与美国机构的负责人艾伦·杜勒斯先生会面。杜勒斯直率地告诉沃尔夫，不存在谈判的可能，要想事情还能继续进展下去的话，只能无条件投降。这个消息很快就传到了意大利的盟军司令部和美、英、苏三国政府。3月15日，英美在卡塞塔的参谋长艾雷将军和兰尼兹尔将军乔装来到瑞士，四天之后，也就是3月19日，他们与沃尔夫将军举行了第二次试探性会议。

我立刻就意识到苏联政府会怀疑南部会举行单独军事性投降，这将使我军的进军少遇抵抗而直抵维也纳及更远的地方，甚或直指易北河或柏林。而且，由于我们在德国周围的各条战线都属于整个盟军作战的一部分，那么任何一条战线一旦发生任何事情，苏联人自然会受到影响。如果我们与敌人有任何接触，不管是正式的还是非正式的，都应该及时告知苏联人。我们一直谨遵这条规定。因此，3月12日，驻莫斯科的英国大使就与德国密使接触这件事通知了苏联政府，并且申明在未得到苏联回复之前不会和德国进行缔约谈判。在以前的任何阶段都没有任何事隐瞒过苏联人。如果苏联政府同意派人的话，当时在瑞士的盟国代表甚至想尽办法要把一位苏联军官秘密带进去参加会见。但是，安排苏联代表出席在伯尔尼的试探性会面最终没有成功，因此，3月13日我们便通知苏联人，说明只要这次接触具有重要意义，我们欢迎他们派代表到亚历山大的司令部里来。三天后，莫洛托夫先生通知驻莫斯科的英国大使，苏联政府认为英国政府“不肯提供方便让苏联派代表前往伯尔尼，这种态度令人费解，感到不可思议”。与此同时，莫洛托夫对美国大使也递交了一份类似的照会。

3月21日，我们驻莫斯科的大使接到指示，让他再次告知苏联政府，之前进行会面的唯一目的，就是要确定德国是否有权进行军事投降谈判，以及邀请苏方代表到位于卡塞塔的盟军总部来。他照做了。第二天，莫洛托夫交给大使一份书面答复，包括以下内容：

以德军指挥部为一方，以英美指挥部为另一方的双方代表，背着在对德作战中首当其冲的苏联，在伯尔尼进行谈判已有两个星期了。

当然，阿奇博尔德·克拉克·克尔爵士解释说是苏联误会了，这些谈判只不过是要审查一下沃尔夫将军的资格和权力罢了。然而，莫洛托夫的评论却很粗鲁无理，他写道："对于这件事，苏联政府认为不是一个误会，而是比误会更严重的事情。"他同样言辞犀利地抨击了美国人。

面对如此指责，除了震惊之外，我觉得最好是保持沉默，而不是竞相责骂。因此，3 月 24 日我给艾登先生发了一封简单的备忘信函：

首相致外交大臣：

目前这些谈判已经暂停了，可能会在一个远比意大利更重要的地方重新开始。到那时，政治、军事问题就会交叉在一起。苏联人认为我们在西线做了一笔交易，把他们挡在了东线，他们当然会忧惧。总之，在我们未与华盛顿一起研究之前，最好不要答复（莫洛托夫）。您也应当把苏联的来电同样发给华盛顿一份。

1945 年 3 月 24 日

* * *

同时，有必要提醒我们在西线的军事指挥官们。因此，我让蒙哥马利和艾森豪威尔两人看了莫洛托夫的侮辱性信件，当时我正和他们一起视察渡过莱茵河的作战行动。

艾森豪威尔将军看到莫洛托夫的信件后非常失望。我们的好心竟受到如此不公正、无端的指责，艾森豪威尔将军对这件事极为愤慨。他说，作为一个军事指挥官，他会在自己的战线上接受任何一个敌军

部队的无条件投降，从一个连到整个集团军都可以。他认为这纯粹是一个军事性的问题，他可全权接受这种投降，无须征求任何人的意见。但是，如果涉及政治性问题，他将立即与各国政府商议。他担心，如果和苏联人讨论像凯塞林部队投降这类问题，本来他自己一个小时就能解决的事情也许就要拖至三四个星期才能解决，这样就会使我们的部队遭受重大损失。他明确地表示，他将坚持要求那些投降军官所属的全体部队放下武器，原地不动，静候给他们进一步的命令，这样才没有可能把这些投降的部队调出德境去抵抗苏联人。同时他还要越过这些投降部队的驻地，尽快地向东线推进。

我自己则认为，这些事情应该由他自行决定，如果出现政治问题，各国政府再去过问。如果由于西线敌军大规模地投降会使我们在斯大林之前到达易北河或者更远的地区，那我无法理解对此我们有什么好伤心的。乔克·科尔维尔提醒我，说我在那晚说过“除非我对苏联的意图没有怀疑，否则我会很不愿意考虑德国的分割问题”。

3月25日，我给艾登先生发了一份简单的备忘录信函：

首相致外交大臣：

经过再三考虑，我决定对莫洛托夫的无礼信件不予置答。我想您已经把此信誊写一份，送到美国国务院去了，并以不带埋怨的口吻指出，正是德国人特别不希望苏联人到瑞士来，而且还让亚历山大依照纯粹军务处理此事。我相信目前正确的办法就是我们应该和美国绝对保持一致，这应该很容易办到，同时让莫洛托夫和他的主子去等着吧。

旧金山会议的整个问题还没有定论，在这一点上我们意见一致。派葛罗米柯来而不是莫洛托夫，就是故意做给别人看的。我想总统对此事一定甚为反感。

我们渡过了莱茵河，那一天过得很愉快。第二天我们会去对岸的苏格兰第十五师。我认为西线的整个德军战线陷于瘫痪和土崩瓦解并非不可能之事。不过，北线还在激烈地战

斗着，像往常一样，我们又一次阻击了对我们左侧枢要部分锐不可当的攻击。

1945年3月25日

当天晚些时候，我继续写道：

……我们务必询问美方，他们打算采取什么态度，他们现在是否同意总统和我共同拍发一份电报给斯大林？其次，这个电报是否应该像您所说的，同时提及其他问题，例如，进入波兰的问题，对待我们的战俘的问题，在伯尔尼问题上我们的好心反而受到诋毁的问题以及罗马尼亚的问题，等等。

莫洛托夫拒绝出席旧金山会议，无疑是苏联不满的表示。我们务必向罗斯福提出，在这种情况下，去旧金山开会的整个问题已遭到质疑，因此，如果要求这样一个会议产生任何有价值的东西，那么当前英美两国有必要十分坚定地站在一起来对付违背雅尔塔协议的行为。

然而，我不得不说明的一点是，我们施压反对苏联，其程度只限于让美国和我们一同行动就行了，不能超出这个界限。最能使他们跟我们站在同一立场的事，莫如旧金山会议的任何意图遭到损害。您能否根据上述意见给我拟一份草稿？我收到以后，明天这个时候可以送还您一份由我个人出面致总统的电报。另外，对苏联的任何来信务必概不作答，即使时间流逝对我们极为不利，也得如此。一旦我们要回敬他们，我们两国就要一致行动。这些事情在复活节之前不宜辩论，因为还不是时候。

我们在这里度过了极为惬意的一天，我希望这些战果的影响将是深远的。应艾森豪威尔的邀请，我明天将去拜访他。我把莫洛托夫粗鲁失礼的信件交给蒙哥马利看过，因为谈判的地点显然很有可能改在他的战区里。我很理解苏联人的担

忧与焦虑，他们唯恐我们在西线或南线接受德军的军事投降，这样一来，我军将会没有任何抵抗、兵不血刃地到达易北河，甚至会比北极熊（苏联）军队更先到达柏林。因此，如果军事谈判发生在这条战线，而这条战线又不像意大利那样属于次要战线，那么，就不可能把军事局势与政治局势分割开来看待。在我看来，应当一开始就让苏联人参加进来，而我们则应当根据我们的职责、明显的有利条件和正当权利来行事。苏联要求事事都得向他们让步，而他们自己则除军事施压之外什么也不肯提供。就是这个军事施压，也只有在为了他们自己的利益的时候才肯运用。应该让他们感觉到我们也有自己的立场、观点。按照我的看法，如果在谈判中发生分歧，军方就必须在达成任何协议之前向各自的政府请示。

就在此时，我的妻子即将代表“援苏”基金协会访问苏联。但是，由于苏联对伯尔尼会谈的怀疑如此之深，我甚至考虑过推迟她的行期。

首相致外交大臣：

这是继我刚发出一个备忘录之后的又一个备忘录。我想克莱美在这种情况下动身是完全可以的。我想听听您的不带偏见的看法，您觉得是把访问推迟几天或几周好呢，还是按时访问并把它当作表达我们自己的善意好呢？我倾向于让她按原定的计划动身。

1945 年 3 月 25 日

实际上她还是去访问了，而且受到了最善意的接待。同时我也仔细地注视着谈判的进展，确保苏联不致遭到不公正的排斥。

首相致外交大臣：

那次在瑞士接触的唯一目的就是安排我们在意大利的军

事司令部举行会议，商谈德军前线部队投降的事情，如果苏联人同意，他们可以派一名代表出席；在会议上讨论军事问题，如果内容涉及政治问题，不管任何时候，这些问题都可以向三国政府请示。所有这些我们不是已经告诉过苏联人了吗？看来瑞士的对话似乎会超出这个范围，尽管目前事实上还在这个范围之内。我们已经决定对莫洛托夫发来的侮辱性电报不予理睬。然而，这并不是说我们要在任何涉及和平谈判的问题上放弃我们作为盟国的责任与义务。

祈请对此加以考虑，并告知我是否还要再给您递送更多其他情报与信息。

1945 年 3 月 30 日

* * *

4 月 5 日，我收到了总统与斯大林往来的电文，内容令人吃惊，电文如下：

斯大林元帅致罗斯福总统：

我已收到您关于在伯尔尼举行谈判的问题的来电。您说得非常正确，就是英美指挥官与德军指挥官在伯尔尼某地或其他地方进行谈判一事“已经产生一种不安、猜疑的气氛，着实令人遗憾”。

可是您坚持说到目前为止还没有进行过谈判。

或许可以说您还没有得到充分的情报，至于我的军事同僚们，他们根据自己手头掌握的资料坚信谈判已经开始了，而且英美已经跟德国人达成了协议。根据这个协议，德军西线司令官凯塞林元帅已同意他的辖区全线开放，让英美军队向东前进，作为交换，英美方面也已承诺放宽对德的媾和条件。

我认为我的同僚们是接近事实的。要不然，英美方面拒绝苏军司令部派代表到伯尔尼参加对德谈判的这个事实就无法解释了。

我也不能理解英国人的沉默，他们让您在这件不愉快的事情上与我通信沟通，而自己却保持沉默，尽管人们都知道伯尔尼谈判的整个事件最初是由英国人发起的。

我明白在伯尔尼或其他地方的单独谈判的结果对英美军队是有一定好处的，因为如果这样的话，英美军队就有可能在不遇到德方任何抵抗的情况下直抵德国腹地。可是，这件事有什么必要瞒着苏联人，不让你们的盟友苏联人知道呢？

由于这次谈判的结果，目前在西线上的德军事实上已停止对英美作战，而与此同时，德军对苏联，也就是英美的盟国，却在继续作战。不言而喻，这种局面对继续加强我们三国之间的信任是绝无好处的。

在前一封信中我就已经说过，我觉得有必要在这里再重申一下，我自己和我的同僚们绝不会冒险走这一步，因为我们知道只顾一时的利益，不管这种一时的利益是什么，这种做法在保持和加强同盟国之间的信任这个主要利益面前就显得黯然无光了。

1945 年 4 月 3 日

这个指责让罗斯福总统大为恼火。他的身体不允许他亲自起草复电。经过罗斯福总统的同意，马歇尔将军草拟了下面的复电。当然，这个复电并非缺乏气势。

罗斯福总统致斯大林元帅：

4 月 3 日的来电已悉。您称陆军元帅亚历山大和凯塞林双方在伯尔尼做出安排，“让英美军队向东部前进，作为交换，英美方已承诺放宽对德媾和条件”云云。对此，我感到

惊诧。

在我上次给您的电报中，关于试图在伯尔尼安排一个会议来讨论在意大利的德军投降问题时，我已告诉过您：1. 在伯尔尼没有举行过谈判；2. 会议没有包含任何政治方面的内容；3. 敌军在意大利的任何投降都不得违背我们所商定的无条件投降原则；4. 欢迎苏联军官参加约定讨论投降事宜的任何会议。

我们共同对德作战，使得德军早日土崩瓦解变得大有希望。现在，为了我们在望的胜利，请务必对我的诚实与可靠予以高度信赖，就像我对您一直有着高度的信赖一样。

对于您的军队，我也是由衷地赞赏。您的军队使艾森豪威尔将军的部队有机会渡过莱茵河，并且在今后与我们联合对德作战中将促使抵抗的德军最后溃败，无论从以上哪个方面来说，您的军队都令人赞佩。

我完全信任艾森豪威尔将军，相信他在与德国人达成任何协议之前不会不让我先知道。他奉命敦促前线可能被击败的敌军现在或以后无条件投降。我们在西线的挺进完全是军事行动，无任何政治动机，其前进的迅速主要应归功于我们空军的猛烈打击，致使德军交通遭到摧毁，同时也应归功于艾森豪威尔在德军还在莱茵河西面的时候就将他们的大部分主力击溃歼灭。

我可以肯定，任何时候都不曾在伯尔尼举行过谈判，因此我觉得您的那种情报一定是来自德军方面，他们竭力在我们之间制造分裂，为的是在某种程度上逃避自己的战争罪责。如果沃尔夫在伯尔尼的目的就在于此，那么您的来电恰恰证实了他已经取得了几分成功。

我相信您信得过我本人，不会怀疑我同您一起努力实现纳粹无条件投降的决心。苏联政府似乎已经相信我没有事先得到您的完全同意就已经和敌人达成了协议，这着实令人感到吃惊。

最后，我要说的是，如果在此胜利在握之际，在我们的生命、物资和财产都蒙受了巨大损失之后，还要被这样的怀疑、这样的不信任，来损害我们的整个事业，那真会成为历史的一个大悲剧。

坦率地讲，我对于您的那些告密者，不管他们是谁，这样卑劣地污蔑我的行为或我所信任的僚属的行为，不能不感到深恶痛绝。

1945 年 4 月 5 日

最后那句话深深触动了我，我把它设置成斜体。我觉得罗斯福先生虽然不曾起草整篇电文，但很可能是他亲自加上最后这一句的。这一句看起来像是一个附加，又像是对前文的一个总结，让人读起来就觉得好像看到了愤怒中的罗斯福。

我马上写信给罗斯福总统。

首相致罗斯福总统：

斯大林竟然给您发了一封如此侮辱美国和大不列颠荣誉的电报，这让我感到惊骇。英王陛下政府对于您的答复表示真心的支持，战时内阁也指示我立即给斯大林发去如下电报……

1945 年 4 月 5 日

翌日，我亲自给斯大林写了一封电函。

首相致斯大林元帅：

1. 总统已经把您与他之间的来往电函发给我了，其中说到一名英国军官和一名美国军官（属于陆军元帅亚历山大参谋部）与一个叫沃尔夫的德国将军在瑞士接触会面了，交涉

了意大利北部凯塞林部队有可能投降的事宜。因此，我认为应当向您确切地综述一下英王陛下政府所采取的行动。我们一得到要接触会面的消息，就立即在3月12日通知了苏联政府，而且我们英王陛下政府和美国政府一直将发生的一切情况都忠实地告知了贵国政府。审查德国密使的身份，并且试图在亚历山大元帅的司令部或意大利北部的某一个方便地点安排凯塞林指派的人与亚历山大元帅会面，这是此次瑞士会面中无论如何都会提到或涉及的事情，并且是唯一的事情。在瑞士，甚至对凯塞林部队的军事性投降问题都没有进行过谈判，更遑论您在给总统的电文中所声称的什么政治军事阴谋，我们连想都没有想过。我们的人格没有那么卑鄙。

2. 我们起初设想把会议安排在意大利，就立刻邀请你们的代表前来参加。可是会议没能举行。假如当时会议召开了，假如你们的代表来出席会议了，他们或许就能听到会议中的每一句话、每一个词了！

3. 我们认为陆军元帅亚历山大完全有权在意大利的战线范围内，接受德军二十五个师的投降，并且有权同被授权来谈判投降条件的德国密使讨论投降问题。然而，如果会谈能进行的话，我们会特别注意邀请您的代表前来亚历山大的司令部参加这个纯军事性投降的谈判会议。但是，事实上在瑞士的接触会面并没有带来任何结果。我们的军官从瑞士返回时，没能为凯塞林的密使安排好在意大利的会面地点。所有这一切，已由陆军元帅亚历山大或阿奇博尔德·克拉克·克尔爵士将全部情况逐一告知了苏联政府，同时也通过美国的渠道转告了你们。我再次重申，在瑞士没有举行过甚至没有触及任何形式的谈判，无论是正式的或非正式的。

4. 但是，德国的沃尔夫将军要求进行和谈这件事，极有可能是敌人众多阴谋中的一个，其目的就是企图在我们同盟国之间播下互不信任的种子。陆军元帅亚历山大在3月11日

的电报中提到了这一点，他在电报中说："请注意，两个主要人物都是纳粹分子，并且都是希姆莱的人，这真的让我很怀疑。"这封电报还于3月12日发给了英国驻莫斯科的大使一份，并由他通知苏联政府。如果德国人的意图是挑拨离间我们的话，那他们现在确实达到目的了。

我从莫洛托夫的来信中摘引了一些极具侮辱性的词句之后，继续写道：

5. 为了英苏的利益关系，英王陛下政府决定对这种肆意侮辱而又毫无根据的指责不作答复，不予理会。您在给总统的电报中称之为"英国人的沉默"，这就是我们沉默的原因。我们认为，与其回复莫洛托夫的一封指责电函，还不如保持沉默的好。但是，我们老实告诉您，我们为这通来电感到莫名震惊，而且也因莫洛托夫竟然把这种行径强加于我们而感到深受侮辱。但是不管怎么说，这都不会影响亚历山大元帅受命把一切情况都告知你们。

6. 您对总统说这件事完全是英国策动的，事实绝不是这样。实际上，德国的沃尔夫将军希望在瑞士接触会面的这个消息是美国的一个机构传给陆军元帅亚历山大的。

7. 无论是在伯尔尼还是在其他地方的任何接触，都与德军在西线的大溃败无关。事实上，德军作战十分顽强，从我们2月发起攻势到3月28日止，德军使我们英军与美军方面遭受伤亡达八万七千人以上。不过，由于我们地面部队的人数超过敌军，英美空军在空中也具有绝对性的压倒优势，仅仅3月这一个月就在德国投下了二十多万吨的炸弹，所以西线的德军才遭到了决定性的摧毁。西线敌军地面部队的人数之所以不及我们的地面部队人数，那是因为苏军的强大攻势和巨大压力，使得德军无法集中兵力。

8. 您在4月3日给总统的电报中指责和诽谤了英王陛下政府，对此，我跟我的同僚们都一致赞同总统答复的最后那句话。

1945年4月6日

4月7日，斯大林对总统的指责做了回复。

斯大林元帅致罗斯福总统：

4月5日来电收悉。

1. 我在4月3日的电报中所谈到的事情的关键不是诚实和可信赖的问题，我从未怀疑过您的诚实与可信赖度，对于丘吉尔先生的诚实与可信赖度我也从未怀疑过。我的意思是在我们过去的来往通信中已表达得很清楚了，我们之间的分歧主要集中在盟国之间什么可以做，什么不可以做这个问题上。我们苏联人认为在目前的形势下，各战地前方的敌军已不可避免地将面临投降，这时候如果任一盟国的代表就投降的事宜与德国人会面商谈的话，另一盟国也应该同样有参加这样的会面的机会。不管怎样，假如我们所说的这一盟国要求参会的话，这么做绝对是有必要的。然而，美国人和英国人的想法不同，他们认为苏联人的观点是错误的。相应地，他们就拒绝了苏联人参加在瑞士举行的与德国人的会面的要求。我曾经写信告诉过您，我觉得我应该在这里再重申一下：在类似的情况下，苏联人是绝对不会否认美国人和英国人参与此类会议的权利的。我仍然认为，苏联的观点是唯一正确的，因为这一观点绝不会让我们互相猜疑，也绝不会让敌人离间我们。

2. 至于西线德军的不抵抗，纯粹是因为他们已经被打败，这一点让人难以苟同。德国人在东线有一百四十七个师。他们完全可以从东线调十五至二十个师去增援他们在西线的

部队，这样也不会削弱东线的实力。但是德国人却没有这样做，即使是现在也没有这样做。他们为了一个无关紧要的火车站，比如捷克斯洛伐克的曾利恩尼察火车站，现在还在同苏联人进行疯狂的战斗，这个火车站对他们来说就好像给死尸热敷了一副膏药，毫无用处。然而，他们对德国中部的一些重要城市如奥斯纳布吕克、曼海姆和卡塞尔却未作丝毫抵抗就放弃了。德国人这样的行为，非常奇怪也非常令人费解，我想您也会同意这一点的。

3. 至于我的那些情报人员，我可以向您保证他们是极其诚实、极其谦逊的人，他们一丝不苟地履行自己的职责，并未存心要冒犯任何人。我们经常对他们进行实际考验。您可以自己去判断。去年2月马歇尔将军给苏联参谋部送去了很多重要报告，根据已掌握的材料，他在这些报告中警告苏联人，3月德国人将会在东线发起两次猛烈反攻——一次是从波美拉尼亚发起，目标是托伦；另一次是从摩拉夫斯卡·奥斯特拉发进攻罗兹。然而，事实上，德国人当时正在准备的主要进攻，所指向的并不是上面提到的地方，而是一个完全不同的地区，即布达佩斯西南面的巴拉顿湖附近地区。众所周知，德国人在这里已经集结了三十五个师，其中包括十一个坦克师。集中了这么多的坦克兵力，这一地区成了整场战争中遭受攻击最猛烈的地区之一。托尔布欣元帅能够避免一场大灾难，并且随后就给了德国人粉碎性的打击，其中的原因之一是我的情报人员打探到了德国人的这个主攻计划（虽然迟了一点点），并立即提醒了托尔布欣元帅。因此，我本人再次坚定地相信苏联情报人员是多么认真，消息是多么灵通……

1945 年 4 月 7 日

他把这份电报的副本也给我发了一份，并随附了他给我的私信，

内容如下：

斯大林元帅致首相：

在我4月7日致总统的电报中（此电报我也给您发了一份），我已回复了您在来电中所提出的有关瑞士谈判的全部基本要点。对于您在其中提出的其他问题，我认为有必要作以下说明：

1. 无论是我还是莫洛托夫，我们都没有“污蔑”任何人的意思。这不是一个想要“污蔑”任何人的问题，而是对于盟国的权利和义务我们已经形成了不同观点的问题。您可以从我给总统的电文中看到，苏联人对于这一问题的观点是正确的，因为它保证了每个同盟国的权利，并且让敌人完全不可能在我们之间进行挑拨离间。

2. 我的电报都是个人性质的，而且是严格保密的。这样就能让我们在直抒己见的时候可以清楚而坦诚地表达自己的意思。这就是密信的好处。但是，如果您把我的每一次坦诚意见都看作一种冒犯的话，那么这种交流就很难进行下去了。我能向您保证，我没有冒犯任何人的意思，过去没有，现在也没有。

1945年4月7日

我把这封电报发给了罗斯福，并做了如下评论：

首相致罗斯福总统：

我感觉，这是我们从他们那里得到的最好结果了。的确，对于他们的道歉力度我们也不能期望过高。但是，在考虑到英国政府做出任何答复之前，务必请您知会我你们对此事的处理意见，这样便于我们保持步调一致。

第二天总统答复说他会给斯大林发去如下电报：

感谢您对苏联在伯尔尼事件中所持的立场观点进行了坦率的解释。伯尔尼事件似乎已慢慢沉寂了，也没有达到任何实质性的目的。不管怎样，我们都不能互相不信任，并且今后此类性质的小误会也不该再发生。我深信，当我们两军在德国会师并全力联合进攻时，纳粹军队必将分崩离析。

1945 年 4 月 11 日

之后罗斯福总统又发出一封电文：

罗斯福总统致首相：

对于一般性的苏联问题，我会尽量不让事态扩大，因为这些问题每天都会出现，不是以这种形式出现就是以那种形式出现，而且就像伯尔尼会议后的问题那样，他们中的大部分都会得到解决。

但是我们务必坚定，迄今为止我们所走的是一条正确的道路。

1945 年 4 月 12 日

第八章

EIGHT

西方国家的战略分歧

战争与政治——一个致命的断接——苏联的野心——几个实际问题——艾森豪威尔的战略——给斯大林发电报——给参谋长委员会发备忘录——美国反驳——给艾森豪威尔发电报——给总统发电报——艾森豪威尔回复——继续与艾森豪威尔通信——营救荷兰

一场联合行动的战争越接近尾声，政治方面的问题就显得越发重要了，尤其是华盛顿方面，他们本可以更有远见、更有深度地看待事情。美国人的确对领土纷争这类问题根本不感兴趣，但是当狼靠近时，即使牧羊人不喜欢羊肉，他也必须保护羊群。那个时候，对于正在争论的问题，美国参谋长们看起来并不是特别重视。公众不了解这些问题，他们当然也不会注意。不久，胜利的浪潮就会淹没一切，这些问题也会暂时被人遗忘。然而，确信无疑的是，它们主导着欧洲的命运走向，并且很可能会使我们长期以来为维持和平所做的努力付诸东流。罗斯福总统处理公务的精力越来越有限，而杜鲁门副总统对于世界重大问题的把握能力还有待加强，现在我们可以看到这两者的工作之间存在着一个致命的断口。前任总统发挥不了作用，而现任总统却还不了解情况，这种境地还真让人郁闷。如此一来，军事长官和国务院都得不到他们各自所需要的指导，以致军事长官只能从军事专业领域发表看法，而国务院则对这类领土纷争问题摸不着头脑。此时他们急需政治方面的引导，这是绝对必要的，可事实上他们却一直没有收到任何此类的指导。美国站在胜利的舞台上，主导着世界的命运走向，但它却没有一个准确、清晰的蓝图规划。英国虽然还有实力，却不能决然地单独行动。眼下我能做的就是提醒和劝告。因此，虽说这显然是

胜利的高潮时刻，但对我来讲却是最不愉快的时候。我往来于欢呼的人群中，或坐在一张放着大同盟各个地区发来的贺电的桌子旁，内心焦灼万分，总有一种不祥的预感。

德国军事力量遭到摧毁，这给苏联和西方民主国家之间的关系带来根本性改变。德国曾经几乎是把他们联系在一起的唯一纽带，现在他们之间已经没有共同的敌人了。两年多之后，他们又再次遇到与他们势均力敌的对手。一切都未明晰，人类所取得的巨大胜利只能使其内部事务越来越混乱，我在那个时候就对事情有所了解，有所感悟，否则的话，等到一切都昭然若揭，我就不应该再谈论此事。这一点一定要由读者自行判定。

在本章中，所讨论的关于战略和政策的几个具有决定性的实际问题如下：

第一，苏联已经成为自由世界的致命威胁。

第二，必须马上建立一条新战线，阻止他向前推进。

第三，这条欧洲战线应当尽可能地向东延展。

第四，柏林才是美军的首要目标。

第五，捷克斯洛伐克的解放和美国部队进驻布拉格具有重大意义。

第六，维也纳甚至整个奥地利，都必须受西方管制，至少要和苏联处在同等地位。

第七，必须阻止铁托元帅进攻意大利的请求。

最后，也是最重要的，解散民主军队之前，或者是西方同盟国让出他们已经攻占或是从极权统治下解放的（很快就会提到）任何德国领土之前，欧洲的东西方国家对于一切主要问题都必须达成一致协议。

有关希特勒未来的计划，流传着各种各样的谣言，我们在报告里只证实了一小部分。我听说艾森豪威尔的总部非常重视那些谣言，谨慎起见，我认为要对这些流言进行彻底调查。不过，德国行政部从柏林向南迁移的意图确实能看出来。

首相致伊斯梅将军，转参谋长委员会：

我想请情报委员会考虑一下，希特勒在失去柏林和德国北部以后，他有没有可能退到德国南部的山林地区，以图拖延战争。他在布达佩斯进行的抵抗和现在正在巴拉顿湖进行的抵抗，以及他把凯塞林的军队滞留在意大利这么久，这些奇怪的行为看起来与谣言中所传的希特勒的意图吻合。但是，既然他肯定会在所有的事情上冥顽不化，那他的这些行动也就没什么意义了。不过，这些行动的可能性还是应该加以审查。

1945 年 3 月 17 日

虽然事情还不能肯定，但是我们的参谋长委员会总结道：德军在山区进行的长期战役甚至游击战，都不可能达到让我们必须严肃对待的规模。因此，我们就排除了谣言所传事情发生的可能性，事实证明也确实如此。基于此，我询问盟军总部，据他们的预测，英美军队向前行军的策略是什么。我收到了回复，内容如下：

艾森豪威尔将军致首相：

只要美国第九集团军和第一集团军携手作战，并且被困在鲁尔地区的敌军不能再进行进一步的反攻，我就提议向东行进与苏军联合，或者转移到易北河的整条战线上去。按照苏联的打算，卡塞尔—莱比锡这条轴线最宜于进攻，因为这能确保攻占那个重要的工业区（我们相信德国的部长们会转移到该地区），又可把德军力量切分成差不多大小的两部分，还可让我们不必渡过易北河。这样一来就能切断西方残余敌军的主力，然后再加以歼灭。

如果是我发起主攻，我就这样安排，并且我准备力保其能成功，除非形势能非常明确地表明，我们没有再把力量集中在这里的必要。主攻主要放在布雷德利的作战区域内，他

会调派第三集团军、第一集团军和第九集团军去执行这个任务，第十五军也归他指挥，如果有机会，就让该军负责清扫战场。他会让蒙哥马利带领汉诺威—维滕贝格整条战线以北的英国和加拿大各集团军保护他的左翼，会让德弗斯带领第七集团军和法国第一集团军保护他的右翼。

一旦能确保主攻成功，我就提议肃清北部港口的残敌，在像基尔这样的地方行动时就需要强行渡过易北河。蒙哥马利会负责这些任务，如果完成任务需要加强兵力的话，我会就此提议。

另外，以上任务完成之后，第六集团军要准备沿纽伦堡—雷根斯堡轴线向东南方向推进，不给敌军在南部集结的任何机会，进而与多瑙河流域的苏军会师。

我相信这个补充的情报信息会让我当前的作战计划更清晰明了。当然，这些计划是灵活的，可以根据突发状况进行调整。

1945 年 3 月 30 日

几乎就在同时，我们得知艾森豪威尔在事先没有告诉他的副手特德空军上将，或者联合参谋长委员会的情况下，就在 3 月 28 日直接把他的策略用电报发给了斯大林元帅。我们都认为他这样做超出了欧洲最高统帅和苏联人之前所理解的谈判限度范围。艾森豪威尔将军则觉得，斯大林也是苏军的最高统帅，所以他直接与苏联领导人通信是合乎情理的。然而，他并不与同时身兼军事统帅的美国总统通信，而是与马歇尔将军通信来往。

艾森豪威尔在这封电报中说，孤立了鲁尔之后，他提议沿埃尔富特—莱比锡—德累斯顿轴线发起主攻，这样的话，与苏军会师后就能把残存的德军力量切分成两部分。从雷根斯堡到林茨发起次要攻击，这样就能防止“德军在德国南部据点集结”，他也打算在林茨那里与苏军会合。斯大林欣然同意。他说这个提议“与苏联最高指挥部的计

划完全一致”。他又说道：“柏林已经失去了它原来的重要战略位置。因此，苏联最高指挥部打算在柏林方向安置次要兵力。”从后来的实际战事来看，这种说法并没有得到落实。

英国的参谋长委员会既关心新计划会带来的益处，又担心艾森豪威尔将军不经军事和宪法最高当局的越级行为。他们给在华盛顿的同僚起草了一封长电文，直到电报发出后我才看到原稿件。在双方参谋进行商谈时，这样的事情很常见。原则上来说，我完全赞同我方参谋长们的提议，并且我们想法一致。尽管如此，我还是认为他们的电报里有很多无关的内容，并且将电报里选取的内容作为和美国参谋长们辩论时的论点并不是最好的。为此，我给他们发了一封备忘录，内容如下：

首相致伊斯梅将军，转参谋长委员会：

您的电报内容我已经阅读过了，把军事问题放到联合参谋长委员会上去讨论当然是件好事。但是，我希望我们能意识到一点：我们的兵力在进攻德国的总兵力中只占到四分之一，并且从1944年6月以来，局势已经明显转变了……

…………

3. 艾森豪威尔打算重新把主攻柏林的轴线改为莱比锡—德累斯顿方向，在我看来这就是可指摘之处。由此就产生了一个问题：为了保全进攻力量，第二十一集团军群是不是会因此而拉长战线，尤其是在美国第九集团军被调走以后。如此，我们在北部就几乎不能有任何行动，这实际上是在阻止我们渡过莱茵河，并且此状况会持续到战事的最后阶段。由此一来，英国人和美国人就完全没有可能一同进驻柏林了。

4. 这样的论断有用与否还要取决于敌人的抵抗程度。如果敌军的抵抗已几近崩溃，那么主力部队和第二十一集团军群就没有理由不拓宽现在的战线，向前行军了。这一点必须由最高统帅部最后拍板决定。

5. 艾森豪威尔之前猜测柏林在很大程度上已经失去了军事和政治的重要地位，这一点看起来应该是错的。即使德国政府各部门必须大批南迁，但是在德国人的心中，柏林被攻克这一重要事实不应该被忽视。在我看来，前期不考虑柏林、后期再让苏联去攻取它的这种想法并不正确。只要柏林能在被围困的废墟中坚持反抗（这样做很容易），德国人就会受到鼓舞，进而起来反抗。柏林的攻克可能会让几乎所有的德国人丧失信心。

6. 如果我们提议说想回过头来彻底解决丹麦、挪威和波罗的海沿岸的问题，那么之前我们主张在汉诺威—柏林一线与海之间增强兵力集结的观点就站不住脚了。

7. 总之，我觉得在美国参谋长联合会议上，他们能在我们的电文里找到漏洞进行辩论，并且会对我们进行有力回击。必须记住一点：艾森豪威尔将军威望很高。可能他自认为已经准确预估了当前敌军的抵抗力量，并且已经运用到实际的战事中：(1)“接近”（即抵达）莱茵河全线；(2) 把军事力量分两路齐头并进，而不是把所有的军事力量都放在向北行进上……这些事情，再加上美国方面的不断支援，已经大大提高了艾森豪威尔将军的权力和声望，并且美国人会觉得，作为一个取得胜利的最高统帅，对于在东西方向，哪一边是会师的最好地点这个问题，艾森豪威尔有权利并且也真的有必要去探听苏联人对于此事的看法。

8. 最后一点，新的行动，即攻占但泽，以及随后摧毁三个主要U型潜艇基地里的其中一个，大大减轻了海军部的压力。德国想要按照他们之前预测的规模重新发动潜艇战争，现在看来，这件事显然不可能发生了……因此，如果分散兵力会影响第二十一集团军群的行军速度和战斗力，那我是不会允许让军队派兵去左翼清扫波罗的海港口这类紧急情况发生的。

附笔——以上内容是我口授，在此之前还没有看到美国参谋长联合会议对我方意见的“回击”。

1945 年 3 月 31 日

现在“回击”已经来了。事实上，美国参谋长联席会议回复说艾森豪威尔将军与苏联通信的这道程序在作战方面来说是有必要的，并且有权做出调整的只能是他，而不是他们。他计划概述的行动路线好像与已商定的战略以及他收到的指示一致。他们说，艾森豪威尔正在部署在北部横渡莱茵河的行动，要用到最大的兵力。南部的次要攻击也正在取得显著成功，并且在物资供应允许的范围内，次要的进攻还要继续进行。他们相信，最高统帅的行动会保障英国人所提到的港口以及其他一切事情的安全，并且会比他们力促的计划更快、更有成效。

他们说德国的战争处在这样一个阶段：由战场的指挥官决定要实行什么样的举措。故意避开、不去利用敌人的弱点似乎不太合理。唯一的目的就是能快速地取得完全胜利。虽然美国参谋长联席会议意识到有些因素与最高统帅之间没有直接关系，但是还是认为他的策略概念很完善，应该得到全力支持，并且认为他应该继续与苏军最高统帅自由通信往来。

但是，美国参谋长联席会议也建议，应该要求艾森豪威尔将军把发给斯大林元帅的电报做个详细说明，交给他们，如果莫斯科再要求我们给他们提供新的情报，就推迟回应，先请示联合参谋长委员会。

* * *

我完全同意军事同僚们的意见，并且向艾森豪威尔将军重述了备忘录的大概内容。

首相致艾森豪威尔将军：

1. 万分感谢。依我个人看来，在敌军的抵抗力量还未崩

溃的情况下就把行军的主要轴线远远地向南转移，并且把第九集团军从第二十一集团军群中撤回来，这样会把蒙哥马利的战线拉得特别宽，以致最后他不能发动攻击。我不明白为什么不渡易北河反倒是一种优势。就像您预料的那样，如果敌军减少了抵抗（很可能会是这样），为什么我们不应该渡过易北河，尽可能地向东前进？因为南部的苏军看起来一定会踏进维也纳，攻占奥地利，这里面有重要的政治意义；如果我们再故意把柏林让给他们（即使它应该还在我们的掌控范围内），那么这种偶然性的事情显然就会让苏联更加相信，这所有的一切都要归功于他们。

2. 再说，我自己不认为柏林已经失去了军事地位和政治地位。柏林的攻克会大大影响德国各地抵抗行动中敌军的心理状态。如果柏林坚持抵抗下去，大部分德国人就会觉得他们也有责任这样做。有些人认为攻占德累斯顿并在那里与苏联人会师会大有好处，我却不能苟同。已经南迁的德国政府各部门可能很快会再次向南迁移。但是在我看来，既然柏林还属于德国，它就一定还是德国最具有决定性意义的一个关键点。

3. 因此，我更愿意坚持渡过莱茵河这个计划，也就是美国第九集团军应该和第二十一集团军群共同向易北河行进，越过柏林。您的部队在鲁尔南部的突出作战行动使得您能如此准确无误地发起大规模的中央攻势，前面的计划与此事完全不冲突。这只是把一支军队的兵力转移到北翼去了。

1945 年 3 月 31 日

我在给总统的电报里又把局势简要地总结了一下。

首相致罗斯福总统：

1. 您应该已经看过英国参谋长们与他们的美国同僚之间

的通信。我觉得双方之间有些误会，我非常希望能马上解开它们。

2. 我们非常感激美国参谋长联合会议的来信，这为我们双方参谋长委员会之间合理地进行意见交流提供了时间。

3. 然而，现在正值艾森豪威尔将军和苏联战地司令官的关系越发重要的时候，有人却希望能稍微诋毁或贬低艾森豪威尔将军的声誉，听到这种说法，我万分难过。计划是联合参谋长委员会在马耳他的时候就商议好的，并且你我两人都联合审批过了，我们所需要的就是能有一些时间从长远考虑来调整这些计划，这也是艾森豪威尔将军希望看到的。对于不请示任何当局就擅自决定了英国陆军（人数虽然只有你们的三分之一，但数量也有一百多万）命运的做法，英国参谋长委员会自然感到担忧。他们也没有完全领会到艾森豪威尔将军电报的真正意图。迪恩将军同样也很迷惑。为了弄清事情原委，他推迟了一天给斯大林发电报，这一点情有可原。在这件事情上，我完全同意你们参谋长联席会议所提议的做法，很遗憾我们自己却没有想到。

4. 此时，我愿意明确表示：英国政府完全信任艾森豪威尔将军，我们为军队能在他的指挥下作战感到高兴，并且他在处理一个盟军指挥部的所有问题时所表现出的伟大、耀眼的品质和人格让我们钦佩。此外，就像我在战场上亲口向艾森豪威尔将军道贺那样，我要向总统先生您表示衷心的祝贺，祝贺美国中路各军在最近的横渡、越过莱茵河的战役中取得的光荣胜利和进展……

5. 我们是最真诚的朋友和战友，曾经作为盟友并肩作战，如今我们之间的误会已经解开了，我相信它已经不存在了，对于艾森豪威尔将军现在调整原计划的益处，我冒昧地向您提几点我的想法。我认为分歧很小，就像以往那样，分歧主要在于着重点不同，而不是原则性问题。显然，如果排

除一切障碍、防止兵力分散的话，北路和中路的盟军现在应该会以最快的速度向易北河行进。到目前为止，作战的轴线一直围绕着柏林。根据艾森豪威尔将军对敌军抵抗力量（我非常重视）的估计，他现在希望能把战线稍微向南转移，穿过莱比锡，甚至能远到南部的德累斯顿。他从北路集团军群中调走了第九集团军，结果就把前者的战线向南拉长了。如果敌军的抵抗到了这样一种程度：能摧毁英国第二十一集团军群行军的实力和势头，并且能让他们在抵达易北河的时候，在岸边陷入几乎不能作战的状态，我应该会感到非常遗憾。坦白来说，我认为柏林仍然具有高度的战略重要性。要说能让德国的一切抵抗力量产生绝望心理，没有什么能比得上柏林的陷落。对于德国人来说，这会是表明战败的最明显信号。换句话说，如果让德军自身在一片废墟中陷入苏联人的包围，但只要德国国旗还在那里，它就会鼓舞德国所有的武装人员奋起抵抗。

6. 此外，你我还要考虑另外一点。毫无疑问，苏军肯定会攻占整个奥地利，并且会进驻维也纳。如果他们也攻下了柏林，他们心里会不会觉得他们为我们的共同胜利出力最多，这会不会让他们产生情绪，将来引起更大的麻烦？因此，我认为，从政治方面来看，我们应该尽可能地向东深入德国，如果柏林也在我们的掌控之中，我们就一定能拿下它。从军事方面来看，这也是合理的。

7. 总之，艾森豪威尔将军的新计划和我们所主张的、之前已经同意的计划之间可能存在的分歧似乎就在于，是把重点放在指向柏林的轴线上还是放在指向莱比锡和德累斯顿的轴线上。在向苏联做出任何保证之前，当然应该先让我们双方参谋长委员会对这件事情合理地讨论一番。

8. 我非常乐意把这封信交给马歇尔将军，虽然这只是我给您的私信，而不是给参谋部。

1945 年 4 月 1 日

实际上，当时总统的身体已经很虚弱，处理这些重大问题的人都是马歇尔将军，只是当时我还不知道。

艾森豪威尔将军收到我 3 月 31 日发去的电报就马上做出了回复。

艾森豪威尔将军致首相：

读了您昨天发来的电报，我觉得您对于我接下来要做的事情仍存有误解。

我再次重申我没有改变过任何计划。为了横渡莱茵河，我特意把主力放在北面孤立鲁尔，分裂、包围或歼灭守卫那个地区的德军。这就是我所批准的这支兵力的战略目标。显然，我们在对西线德军取得胜利、打击了他们的工业能力之后一定会产生新的情况，在准确拟定下一次作战计划之前，需要对这些情况做一个研究和分析。

目前的发展局势是一年多以来我在我的参谋人员面前所主张的作为我们争取目标的那种形势。也就是说，应该从韦塞尔和法兰克福这两条路线横渡莱茵河，集中我们的兵力，形成一个大三角形，顶点大概位于卡塞尔地区。从那里向前，问题就在于决定采取哪一条进攻路线才能最大限度地瓦解残存的德军和德军的抵抗力量。虽然您在电报中提到了一种新观点，即早日到达指定目标有重大的政治意义，但是向最北方的海岸线进军极其重要，我从来没有忽视过这一点。在这个问题上，我非常清楚您的想法。您的提议和我的计划之间唯一的冲突就是时间问题……为了确保我们的每个计划都能成功实施，我首先在中路集中兵力，以取得我所需要的阵地。现在据我来看，接下来的一步应该是让蒙哥马利渡过易北河，如有必要，可让美军增援，至少要到达包括沿岸的吕贝克湾在内的一条战线。如果今后德国的抵抗逐渐减弱且确定会崩溃，您就能明白，即使在攻夺中路阵地和渡过易北河之间有时间冲突，那也是很小的。另一方面，如果德军的抵抗有完

全变强硬的趋势，我就能明白，试图同时完成所有计划会分散我的注意力，要集中力量完成每一步计划，这是非常有必要的。

如果在任何时候敌人的前线突然崩溃，我们自然而然地就会向前冲，我们会把吕贝克和柏林算作我们的重要目标。

1945 年 4 月 1 日

我回复道：

首相致艾森豪威尔将军：

1. 对于您的亲切来电，我再次表示感谢……然而，我对进攻柏林的意义印象非常深刻，莫斯科给您回信的第三段中说道："柏林已经失去了它原来的战略重要性。"这应该从我提到的政治意义方面去理解。我们应该尽可能地向东同苏联协同作战，我认为这非常重要……

2. 您的补充信息大大减轻了我们参谋人员的顾虑，他们按照这个意思给在华盛顿的参谋人员发去了电报。我相信您会考虑到这个事实，即我们在看到您给斯大林发的电报之前，既没有得到任何官方消息，也没有收到我们副帅①的来信通知，并且这份电报让他们以为要进行大的改变。

3. 虽然我们双方参谋长委员会之间仍然还有一些通信往来，但我认为这件事已经顺利地过去了，令人非常满意。

4. 对于取得的重大进展，我再次表示祝贺。在斯大林发起主攻之前，西线的形势可能会千变万化。

1945 年 4 月 2 日

我觉得作为朋友，我有责任结束这种通信。

① 指在艾森豪威尔总部的特德空军上将。

首相致罗斯福总统：

艾森豪威尔将军在事先没有通知我们的参谋长委员会，或是我们的副帅特德空军上将，或我们的总司令蒙哥马利元帅的情况下就发了电报给斯大林，我仍认为这是一个遗憾。现在看来，总计划里做的改变比我们起初预料的要少很多。我个人跟艾森豪威尔将军的关系极其友好。我认为这件事就此结束，虽然我对拉丁语成语所知不多，但在此我引用一句——“情人的争吵，恰是爱情的重生”——借此以表诚意。

1945 年 4 月 5 日

* * *

当然，这些讨论并没有影响我们的军事进展，大约就在这个时候，我们完成了解放欧洲的显著一步。我们收到了很多关于“要塞荷兰”中荷兰人悲惨境况的报告，而加拿大第一集团军负责他们的救援工作。因此，它的第二军就把敌人从威廉半岛和荷兰的东北部赶了出去，第一军占领了阿纳姆，转向西行，向阿姆斯特丹进军，不过他们的行进被阻停在了须德海的南部。只要其他地方还有德军抵抗，德军指挥官就拒绝投降。如果我们把整体低洼、部分被水浸没的地方变成战场，那样就会大大增加百姓的苦难，让人不堪忍受。我亲自向总统致电。

首相致罗斯福总统：

1. 被攻占的荷兰地区的百姓陷入了绝境，大约有两三百万人面临着饥饿。我们相信，每天都有很多人在死亡边缘徘徊。事实上，德国和荷兰已经切断了联系，那么这种情况肯定会急剧恶化，恐怕我们面前很快就会有悲剧发生了。

2. 艾森豪威尔计划在解放荷兰西部的时候赈济那里的百姓，为此，我们已经在其周围囤积了物资。但是，如果我们要等到荷兰解放的话，赈济就太晚了。我们需要即刻采取行

动进行救助，规模要比瑞典救济计划更大。

3. 因此，我请求您和我一起通过瑞士政府（作为监护国）通知德国政府，内容大概如下：那些在荷兰境内，但仍被德国占领的地区，德国政府理应负责百姓的生活，但由于德国没能履行这个职责，所以我们准备在国际红十字会的帮助下向那里运送食物和药品，分给那里的百姓。物资已经从瑞典运出了，但是数量有限，我们准备再增加一些。如果能办好必需的安全通行证，我们还准备通过海上运输或是直接从同盟国的军事控制区运送物资。我们请德国政府协助，以确保完成这件事情。

4. 在现在这种形势下，我认为德国政府很可能会同意这个要求。然而，如果他们拒绝的话，我提议，眼下我们应该不要再试图向那里的百姓提供物资，那么德国在世人的眼里就成了杀人犯，以此给在荷兰的德国指挥官和他手下的所有军队一个警告；我们会让他们以生命为代价，为荷兰人民的遭遇负责。我们会大力宣扬这个警告，让驻在荷兰境内的所有德国部队都知道。

5. 如果是在我们力所能及的范围内，我们必须阻止这场悲剧的发生。但是，如果我们做不到，我们也一定要让世人知道应该对此负责的人是谁。

6. 给德国政府的信件正在起草，这要以监护国为中间人代为传送，明天就把拟好的信件给您送过去。值此之际，我希望您能在原则上表示同意。

1945 年 4 月 10 日

这件事已大致得到了德国的同意，并且已经与纳粹的高级长官赛斯·英夸特就此事进行谈判。谈判商定的结果是我们这一方应该停止向西行军，他们那一方停止进一步灌水，停止一切对居民的镇压行动，并帮助运送救助物资。我们存了大量的救助物资，并且使用了一切手

段（从陆路、海道、空中）把它们赶紧运送了出去。这当然是最好的安排了。荷兰民族英勇地承受了苦难，用言语和行动诚挚地感谢我们的鼎力相助，我们也对自己的行为引以为傲。

第九章

NINE

高潮：罗斯福逝世

罗斯福总统逝世——全世界举行哀悼——我在议会中致悼词——我无法出席葬礼——在圣保罗教堂开追悼会——与杜鲁门首次接触——哈利法克斯伯爵颇有助益的来电——致电斯大林——艾登发来电报

4月12日，星期四，罗斯福总统突然在佐治亚州的温泉镇逝世，享年六十三岁。那天下午，有人正在给他画肖像画的时候，他突然晕倒，从此不省人事，几个小时后就去世了。

我在前面的章节里提到过，即将来临的胜利也会带来种种问题，其复杂性可与战争中的种种最严重的危险相提并论。的确，可以说罗斯福是在战争达到最激烈、最高潮的时候去世的，而且此时正是最需要他的权威来指导美国政策的时候。我是在13日的清晨获悉这一噩耗的，当时，我觉得自己的身体好像受到了重重的一击。我和这位光辉人物共事，与他亲密交往，这在那些艰苦卓绝的岁月里发挥了极为重要的作用。现在这些关系已经告终，我的心里充满着深深的失落感，就像是遭受了不可挽回的损失一样。我去了下议院，那里原定十一点开会，我简短地讲了几句话，并建议：为了悼念我们伟大的朋友，我们应该立即休会以示敬意。这种因一个外国元首的逝世就休会的做法，在英国还是第一次，却也符合全体议员一致的愿望。他们只在会议室待了八分钟就缓缓地鱼贯而出。

各个国家都采用这样或那样的方式来悼念罗斯福。莫斯科的上空悬挂着一面面镶黑边的旗帜，苏联人开会的时候会起立默哀。日本首相向失去自己领袖的美国人表示“深深的同情”，他把“美国今天的

有利地位”归功于这位领袖。与此相反，德国电台却报道：“罗斯福将在历史上留名，他是一个将现在的战争蔓延成第二次世界大战的煽动者，他是一个成功地让他的最大对手——布尔什维克苏联——最终得势的总统。”

我在致罗斯福夫人的唁电中写道：

> 惊悉夫人痛失夫君，殊为悲痛，请接受我对您最深切的同情！总统的逝世对英国和世界各地自由事业同样也是巨大的损失。我谨向您及家人表示深切痛悼。对于我个人来说，一段经过战火锤炼与磨砺才建立起来的亲密而珍贵的友谊也随之失去了。我相信您会从他的丰功伟绩和光荣声望中得到安慰。

总统的顾问哈里·霍普金斯曾经在很多场合都是我的宝贵联系人，我向他致唁电如下：

> 我深知您悲痛的心情是多么深切。我和您感同身受，我们都失去了一位最伟大的朋友，一位为我们共同事业而奋斗的最英勇的战士。我和他不仅因为公事建立了密不可分的关系，私下也建立了深厚的友谊，我感到极其沉痛，叫我如何不真切怀念富兰克林呢！

4 月 17 日，星期二，议会里正在举行会议。我向英王陛下启奏，对于罗斯福总统的逝世，议会应表示深深的哀悼，对罗斯福夫人及美国政府和人民应表示深切的同情。按照常例，应该由各党派领袖发言来支持这一动议，但是，由于感情的驱使，我竟独自代表下议院在议会发言。我悲痛的心情无法抑制，就是今天，也难以找到恰当的词来形容我当时在议会发表讲话时的哀痛情感。

我说：“我与这位伟人的友谊是在这个战争中开始并臻于成熟的，

今天，我们对他的功绩和声望致以敬意。第一次世界大战结束后，我曾经见过他，但仅有几分钟。1939 年 9 月，我一进海军部，他就发电报给我，邀我就海军或其他问题与他直接通信，只要我有需要，任何时候都行。在征得首相的同意后，我就和他建立了直接通信联系。我知道罗斯福总统对海军作战有着强烈的兴趣，就给了他很多关于我们海军事务和各种作战行动的信息，尤其是包括在其中的普拉塔河口的作战行动，它照亮了战争里的第一个黑暗的冬天。

“我担任首相的时候，战争在极度恐怖的激烈状态中爆发，当我们自己的生死存亡还悬而未决的时候，我所担当的职位已经能够允许我和总统进行极为亲密愉快的通信了。世界的争斗起起伏伏，可我们的这种通信往来一直从未间断过，直到上周四我接到他最后的电报为止。这些电报显示，他在处理疑难复杂事件上一贯持有的清晰见解和气势并没有因疾病而有所消退。我可以说，我们之间这种来来往往的通信（当然在美国参战以后次数大大增加）有一千七百多封。其中很多是长信，且大部分信件都是处理那些在其他时期没有得到正式解决、只能由政府首脑一级来讨论的比较困难的问题。我们之间除了这些通信外，还得加上我们一起参加的九场会议——阿根夏一次，华盛顿三次，卡萨布兰卡一次，德黑兰一次，魁北克两次，雅尔塔一次。我们私下亲密接触的时间一共有大约一百二十天，其中有一大部分时间我和他住在白宫，或是在他海德公园的家里，或是在他称之为香格里拉的蓝山休养所里。

“他是一位政治家、实干家和军事领导者，对此我深表敬佩。我非常确信，他为人正直，积极向上，见识广博，拥有情怀，我不得不说，现在我也无法用言语来表达清楚。他深深地爱着自己的祖国，尊重宪法，善于判断飘忽不定的舆论，这些大家都有目共睹。除此之外，他还有一颗慷慨激昂的心，并且经常会由于看到强国侵略、压迫弱国而愤怒不已，进而采取行动。现在这颗心永远停止跳动了，这真的是一种损失，人类的巨大损失。

“罗斯福总统深遭病痛的折磨，但在这么多年的骚乱和大动荡的环

境下，他仍能打起精神和病魔抗争，这实在是个奇迹。他饱受病痛折磨，却还试图将自己的脑力、体力投入到高度紧张、艰难且无休无止的政治争斗的生活中去，像他这样的人，恐怕千万人中也找不出一个来，千万人中没有一人试图这样做。要成功进入这个领域并在里面积极活动，还要成为那里无可争辩的主人公，一代人中也不可能有一个人能做到这样。他付出了超出常人的努力，用灵魂战胜了肉体、意志战胜了生理缺陷。他的妻子是个高尚的女人，对他忠诚，并且鼓舞和支持他，她的崇高理想与他不谋而合，今天下议院充分地表达了对她的深切同情和尊敬。

“毫无疑问，总统比大西洋两岸的大多数消息灵通人士更具先见之明，他预见到了正慢慢逼近的战前世界的巨大危险，并且用全力促进美国和平时期舆论可以接受的预防性的军事准备工作。当出现争执的时候，他会同情哪一边，站在哪一边，这是毋庸置疑的。法国沦陷了，英国以外的大多数人都认为大不列颠也即将覆灭，这些对他来说都是极大的痛苦，虽然他从未对我们失去过信心。这些事情之所以使他感到痛苦，不仅是欧洲之故，也因为如果我们战败或是在德国的压迫下苟延残喘，美国自己也将处在严重的危险之中。在我们孤立无援的时候，英国在紧急时期所遭受的痛苦让他和他的无数同胞对我国人民充满着最热烈的感情。1940 年至 1941 年的严冬，希特勒决定用大规模的闪电空袭战把我们的城市“夷为平地”，他和他的同胞们的感受和我们每一个人都一样，甚至比我们的感受还要强烈，因为想象中的痛苦时常要比实际的更为厉害。毫无疑问，英国人尤其是伦敦人所忍受的痛苦激起了美国人的怒火，这比我们心中的怒火还要难以熄灭。还有，尽管那时韦维尔将军打了胜仗（确实是我国给他派遣援兵之故），但在美国还是到处充斥着一种忧虑，他们认为德国在 1941 年春季经过充分准备之后，一定会向我们侵犯。总统是在 1 月派了已故的温德尔·威尔基先生到英国来，他虽然是总统的政敌和反对党的候选人，但他们却在很多重要问题上意见一致。威尔基先生带来了一封罗斯福总统的亲笔信，其中有几行朗费罗的著名诗句：

邦国之舟，扬帆前进吧！
扬帆前进，强大的联邦！
忧患中的人类，
正屏气凝神地把他们的未来的一切希望，
寄托在你的命运之上。

“大概与此同时，他想出了一种不同寻常的援助措施，名为‘租借法’。它是有史以来在各个国家中实行的最无私、最慷慨的财政法案。它的效果是极大地增强了英国的战斗力，并且会像以前一样，它会以为战争做贡献为目的，大大地增加我们的人数。那年秋天，在纽芬兰的阿根夏，我第一次在战争期间与总统会面，我们共同起草了一份后来被称为‘大西洋宪章’的宣言。我相信它将长久地成为我们两国人民和世界其他各地人民的指南。

“所有这段时间，日本人一直深深地躲在暗处，疯狂地准备着他们背信弃义和贪婪的勾当。当我们下一次在华盛顿见面的时候，日、德、意已经对美宣战，而我们两国已经拿起武器，并肩作战了。自那之后，我们向大陆进军，在大海开辟战场，虽然经历了千辛万苦，遭遇了挫折与失望，但总是能找到获得成功的办法。我不需要细想发生在西半球的一系列重大行动，也不必对地球另一边正在进行的大战评价什么，我也不需要谈到与我们伟大的盟国苏联在德黑兰共同制订的计划，因为这些计划现在已经在全世界的见证下全都实施了。

“然而，我在雅尔塔的时候就注意到总统生病了。他那动人的微笑、愉快又迷人的举止并没有消失，可是他脸色煞白，形容消瘦，眼神中往往有惘然若失之感。当我在亚历山大港和他道别的时候，不得不承认，那时我就有一种隐隐约约的忧虑，觉得他的健康和体力正在慢慢衰落。但是，没有什么能改变他那不屈不挠的责任感。直到生命的最后，他仍毫不畏缩地面对着那无数的工作……当死亡突然降临到他身上的时候，他已然完成了自己的使命。他致力于一生的工作已经完成。正如常言所说，他是以身殉职，更确切地说，他是死在了战场

上，就像他的士兵、水手和飞行员一样，奔走在世界各地和我们并肩作战，把任务执行到底，直到生命的最后一刻。他的死多么令人钦佩！他将他的国家从最危险的境地、最沉重的苦难中解救了出来，胜利将带给他无上荣光。

“在和平时期，他扩大和稳固了美国人民生活和团结的基础。在战争期间，他将伟大共和国的实力、威力和声誉提高到了历史上任何国家都未曾达到的高度。美国用它的左手来领导得胜的盟军向德国中心地带进军，又用右手在地球的另一边，势如破竹地粉碎了日本的力量。此外，美国一直以来都在用船只、军火、补给品和各种食品大规模地援助他的大小盟国……

“他奉献了半生精力所做的这一切并不是为了世俗的权利和地位，而是为了人类自由和社会公平的伟大事业，并为此事业增添光彩……这将会永久留在人们心间。他留下了一批果断、有能力的人来处理美国庞大的战争机器中大量相关部门的关系。他留下了一位继任者，这个人会迈着坚定的步伐，怀着必胜的信心继续工作，完成指定目标。我只能说，富兰克林·罗斯福去世，让我们失去了一个伟大的朋友，失去了一位努力帮助和支持旧世界走向新世界的最伟大的自由战士。”

* * *

虽然罗斯福的去世着实让我们感到震惊和突然，但是我之前提到过，自从雅尔塔会议后，我们在亚历山大港分别时，我就意识到他的体力一直在衰退。所以，苏联的敌意给我们的公文往来带来了很多在重大政策问题上的分歧，我也曾在我的私人电报中尽可能地缓和由于分歧所造成的紧张。但是，我没有充分意识到总统的身体状况已经如此糟糕了。我知道他不习惯亲自起草相关公务的电报，而且电报的风格也没有太明显的变化。3 月 29 日，奥利弗·利特尔顿去看望他，并在 30 日的电报中说：“罗斯福总统的样子让他大吃一惊。”

我一开始就有飞去参加葬礼的冲动，并且已经吩咐下去要准备一

架飞机。哈利法克斯伯爵来电报称霍普金斯和斯退丁纽斯对于我可能要去参加葬礼的想法大为感动，并且对我的判断也予以热烈赞同，都认为我去了会产生巨大的影响，会有巨大的收获。后来，杜鲁门又让他转告，他本人是非常重视早日和我会面的机会的，而且他认为如果我有意参加葬礼的话，这将会是一个很自然和方便的会面机会。杜鲁门先生的意思是在葬礼结束后，我可以和他举行一次为期两三天的会谈。

然而，我有太多的公务缠身，国家也正处在最关键、最困难的时刻，所以我无法在此时离开，只能顺从于朋友们的期许留了下来。

我给新总统发了如下电报：

> 非常遗憾，现在我不可能改变我的计划，因为今天早晨，这些计划已经得到了英王和内阁的批准，根据这些计划，已经做好了一切安排，准备下周要在议会上进行辩论，包括星期二我向已故总统致悼词，以及陪同英王出席在圣保罗大教堂举行追悼会这些活动。我真诚地希望能与您早日会面。同时，外交大臣对我们的公务情况都非常了解。

后来我回顾此事时，惋惜当时没有采纳新总统的建议。我过去从未见过他，我觉得在很多问题上，我们私人交谈会更有价值，特别是把这些问题分几天去探讨，不要太匆忙，也不要太正式。罗斯福总统，特别是在他最后的几个月里，没有让副总统兼可能的继任者充分经历并熟知所有事情的全过程，也没有让他参与正在执行的决议，这对我来说，似乎很奇怪。后来证明这也是严重的失策，给我们的事务带来了极大的不利。非亲历其境、躬亲其事，仅靠事后阅读卷宗文案所获得的认知，两者之间是无法相比的。比如艾登先生是我的同僚，他知道每一件事情的来龙去脉，因此随时随刻都能接替我的全部领导工作，尽管我的身体状况良好，精力充沛。但是，美国的副总统却是从原来对政务接触甚少、所获得的信息也不多、权力又较小的职位一跃跳到

了拥有最高权力的总统职位。在战争最高潮的时刻，杜鲁门先生怎么能了解、权衡这些生死攸关的问题呢？后来通过我们对他的了解，所有的一切都表明他是一位果断而无所畏惧的人，有能力做出最大的决策。但在最初的几个月里，他在总统的位置上遇到了极大的困难，使他不能将他卓越的才能充分地发挥出来。

*　　*　　*

对于我发给新总统表示吊唁和致敬的第一次正式电报，他给我发来了一个极其友好的复电。

我写道：

> 我们最杰出朋友的去世对您和美国人民都是一种损失，我个人对此表示深切同情，请接受我的致意。我希望我能有权和您一起重续我们在为之共同奋斗的伟大事业中所结成的亲密战友之谊，这种战友之谊是在艰难的岁月里我同前总统所享有的。您在联合国国际组织会议即将胜利召开的前夕（4月25日）挺身而出，担任缺位的总统重任，我谨向您表示敬意并致以良好的祝愿。
>
> 1945年4月13日

杜鲁门总统向我保证，在他当政期间，他会尽他一切所能推动罗斯福总统为之献身的事业的发展，并维护和增进罗斯福总统同我所缔造的两国之间亲密牢固的关系。他希望能与我会面，同时承诺会发给我一份斯大林就波兰问题发给他的电报。

几天之后，我收到我们大使的一封电报，里面含有非常多的信息。

> 哈利法克斯伯爵致首相阁下：
>
> 今天早上安东尼和我见到了哈里·霍普金斯。我们都觉

得他看起来非常虚弱，非常消瘦……对于总统的去世，他并没有感到很吃惊，并且还很庆幸他没有像威尔逊那样得了中风而失去权位。他注意到总统身体的衰弱已经有一段时间了，他一直都只能做少量的工作。

他认为总统的去世造就了一个全新的局面，在这种局面下我们应该一切从零开始。可以肯定的一件事情是，今后制定的政策会在更大程度上与参议院的行动保持一致。具体这项工作是怎么运作的，还不能提前预知。这在很大程度上就要看他自己对于那些他要应对的人有什么样的判断了。

哈里认为，总体来说，您决定现在不来美国倒是最好的选择，可以给杜鲁门几个星期的时间让他站稳脚跟，这会大有益处。你们在私底下也能互相通信，这会让他开始觉得他对您有所了解。安东尼建议，如果事情正朝好的方向发展，如果杜鲁门前去视察美国军队，那他最好在伦敦稍作停留。正常来说，我们当然欢迎他来，罗斯福之前也答应过要来伦敦的。哈里也赞成那个建议……

至于杜鲁门本人，他已要求哈里给他拿有关外交和国际政策的材料，哈里那时正在负责这方面的工作，但是他肯定不能再从事现在的工作了。可能杜鲁门并不想要他，总之，哈里不会再做这个工作了。杜鲁门采取的方法和罗斯福的大不相同：他会自己处理他的事务。因此，哈里的专长将没有用武之地。昨天他们有过一次谈话，提到过未来，但也只是说等哈里身体恢复了以后再谈这个问题。

杜鲁门爱好研究战略史，据说他读了不少关于这方面的书籍，这可能是很有趣的一件事。一天晚上，他在这里把他对于汉尼拔战役的惊人的了解展露无遗。他很推崇马歇尔。

1945 年 4 月 16 日

* * *

我在给斯大林的信中说道：

首相致斯大林元帅阁下：

您4月7日的来电已收悉。感谢您在来电中使用了令人宽慰的语调，我确信有关“纵横字谜”的误会已经解除了。

罗斯福总统的逝世使我感到非常痛苦。在过去五年半的时间里，我和他建立了非常亲密的私人友谊。这件令人悲伤的事情让我觉得，很多愉快的礼节往来和过往的记忆把您和我联系在一起变得更加弥足珍贵了，即使在此过程中我们要克服所有的危险和困难。

借此机会，我要感谢您和莫洛托夫在我妻子访问莫斯科时所给予的热情招待和她在整个苏联旅程中受到的所有关照。她所做的工作减轻了英勇苏军伤兵所遭受的巨大痛苦，也因此获得了劳动红旗勋章，我们认为这是一种极大的荣誉。她所筹集到的钱也许数目不大，但这是一种爱的奉献，这些钱不仅来自富人，大部分是来自穷人的小钱，他们为每周都能付出小额的捐款而感到自豪。在我们两国人民群众的友谊中，在两国政府的互相理解中，以及在两国军队的互相尊重中，寄托着世界的未来。

1945年4月14日

斯大林元帅致首相阁下：

我已收到您因罗斯福总统逝世发来的电报。

在富兰克林·罗斯福总统身上，苏联人民看到了一个卓越的政治家和一个促进三国密切合作的坚定不移的战士。罗斯福总统对苏联的友好态度将永远受到苏联人民的高度评价，

将永远被苏联人民铭记。就我个人而言，失去了这样一个伟人，我们共同的朋友，我心里也感觉格外沉重。

1945 年 4 月 15 日

艾登此时正在华盛顿，他的来电内容如下：

外交大臣（华盛顿）致首相先生：

1. 我今天早晨到达后就和大使一起与斯退丁纽斯进行了一次短暂的交谈。斯退丁纽斯说，斯大林和莫洛托夫对于总统逝世都深感悲痛。斯大林还问哈里曼在这样的时刻他能否在帮助促进伟大盟国的团结方面给予任何贡献。斯退丁纽斯说，幸好哈里曼没有立刻回答说是“波兰”问题，但是他却建议，如果莫洛托夫能来旧金山参会的话也不失为一件好事。斯退丁纽斯借此机会发报催促莫洛托夫不仅应该到旧金山来，还应该先到华盛顿来参加会谈。斯退丁纽斯在一个小时前打电话跟我说，苏联已经同意这样安排了，莫洛托夫正在乘坐美国派去接他的飞机前来。因此，我预计他会在星期二抵达这里，届时，我打算和他一起着手讨论波兰问题。

2. 这完全是一个好消息，但是我们也不能对此抱有太大希望，还要看看莫洛托夫来到这里的态度如何。无论如何，这是令人激动的，因为能有机会处理……

3. 今天下午斯退丁纽斯还和我谈到了本周下议院要就波兰问题进行辩论，还说他希望我能指出，由于三国外长的会议，事情已经有了新的转机。我表示同意，但是我告诉他，我的观点是要让苏联人知道，对于莫斯科委员会到目前为止还不能根据雅尔塔决议精神取得任何进展，我们是如何深感忧虑的！尽管如此，这对苏联人来说也构不成伤害。我强烈地感到，我们必须对苏联人继续施加坚定的压力。现在我们还没有理由乐观，并且我们能在这里的任何一次会谈中取得

成功的最好机会，就是要让苏联人充分了解到，如果谈判失败，对我们大家都有严重的后果。

1945 年 4 月 15 日

第二天又来电：

外交大臣（华盛顿）致首相先生：

今晨，爱德华和我第一次觐见总统。他给我们留下了良好的印象。我告诉他，您接到他给您的第一封电报时有多感动，多高兴。我一再表示，您很遗憾不能亲自来华盛顿参加已故总统的葬礼，但是，我说您希望能早日与他会面。总统说，他非常感激您的深情厚谊。我们明白他已经继承了重任，他自己必须熟悉各个领域的问题。他的意思是要继续不折不扣地执行已故总统的外交政策路线……

然后我又把话题转到您和总统会面的事情上。我说，总统或许还记得罗斯福总统生前曾有早日访问欧洲的计划，并且要把伦敦作为他访问的第一站。我深知，如果杜鲁门总统能够实现这个计划，英王陛下、您本人以及英王陛下政府都会非常高兴。总统说他非常愿意完成罗斯福总统的这一访问计划，但是我们应该能理解，此时此刻还有很多任务在这里急切地等着他去完成。他必须处理很多紧急的国内事务，他自己也必须熟悉已故总统在很多问题上实行的政策。所以，他现在还不能给出一个肯定的答复。但是，我能感觉到他是很愿意来访问的，虽然来访的日期可能会比罗斯福总统原来计划的要迟一点……

我把您关于米科莱契克的电报连同米科莱契克的讲话原文都交给了总统。总统让我向您致谢，还说在他看来，米科莱契克的评论“颇有道理”。我知道对于这种进展，议院会感到非常高兴……

此次会面给我留下的印象是，新总统是诚实而友好的。他意识到了他身负重任，但却没有被吓倒。他谈到您的时候，真是热情得不能再热情了。我相信他应该是一位忠实的合作者。初次谈话让我深受鼓舞。

1945 年 4 月 16 日

我的复电如下：

首相致艾登先生（华盛顿）：

尽管我非常想亲自见到总统，但是在未来的六十天里要我到美国去却并非我之所愿。因为很有可能在这之前大选将会开始。对此，我们不能预知，要等到军事战果明明确确地摆在我们面前了才能再做决定。不过，我肯定，英王和英王陛下政府将把最诚恳的请柬送给总统。因此，我倒是认为再过九十天，应该不会有什么不方便的日子，因为到那时大选要么已经举行过了，要么就是推迟到了 10 月。这个现在仍然定不下来。

1945 年 4 月 24 日

就这样，就在大家都深感遭逢共同损失的情况下，我们又开始了艰苦征程。

第十章

TEN

与苏联的摩擦不断升级

米科莱契克发表重要声明——对寇松线发表了进一步声明——与莫洛托夫在华盛顿谈判无果——苏联和华沙政府签订条约——苏联的安全和西方的指令——前景黯淡——十六名波兰领袖被诱捕——欧洲的黑暗景象——急需召开三国会议

罗斯福总统去世前，波兰问题还未完全解决，杜鲁门总统先开始着手处理残留的波兰事宜。之前杜鲁门总统已经进行了多次政治行动，但是牵涉到我们双方的，这还是第一次。他提议我们双方向斯大林发一份联合声明。当然，这份文件是国务院在新总统接任时就已经准备好了的。不过，在举行就职典礼和前任总统葬礼仪式之际，他能迅速采取措施，担起重任，真是了不起。

杜鲁门总统坦言，斯大林不太可能同意联合声明里的提议，这从斯大林的态度上就可以看出来，但是杜鲁门总统觉得我们应该“再试一次”。于是，他提议，我们应该告知斯大林，邀请华沙政府的三个领袖到莫斯科参与商谈一事已经得到了我们驻莫斯科大使的完全赞同。并且，我们要向他保证，苏联在新组建的全国统一临时政府中会担当重任，这一点我们从未否认过。我们的大使并没有要求他们自己能有权邀请波兰境内外的波兰人参会，并且不限人数。华沙政府能否对参会的候选人持有否决权，这才是重点所在。我们认为，根据《雅尔塔协定》，华沙政府无权这样做。

然后，杜鲁门先生提议，要求斯大林同意以下方案：

1. 应该即刻邀请以下人员到莫斯科来参会：贝鲁特、奥

索布卡·莫腊斯基、罗拉·济米耶斯基、萨皮耶哈主教、一位由斯大林推荐且与现在华沙政府无牵扯的波兰领导人代表，以及伦敦方面的米科莱契克、格拉布斯基和斯坦奇克。

2. 邀请已经发出，如有必要，华沙的代表们可以先行抵达。

3. 此外，波兰的领导人们应当提出波兰国内外有可能来参会的其他人选，这样一来，参与协商的就囊括了波兰所有主要团体的代表们。

4. 除非征得波兰领导人的同意，否则我们无法对组建全国统一新政府的工作做出任何保证。我们也不认为南斯拉夫的先例同样适用于波兰。

对于这个重要提议，我立即做出回复，内容如下：

首相致杜鲁门总统：

1. 您能在第一时间给我发电报，我非常高兴。您所提议的方案处处考虑到我们朋友间的友情、战友间的情谊，十分感谢。我会抱以至诚，回报这份情谊。

2. 您提议发给斯大林的联名电报，我已看到了初稿。对于其中的条款，原则上我完全同意，但其中有一个要点，艾登先生随后会向您提出来。既然您和他以后能在一起推敲全文，我相信你们也能对其中的任何不当之处做出修正。如最后的定稿能在星期一交给我，我到时候会同内阁商议。您认为我们的回复刻不容缓，我非常赞同，所以我希望能以我们两人联合的名义在当天就把电报发出去。此外，重要的是，我们一开始就要在思想和行动上保持一致。

3. 同时，艾登肯定会和您谈到我们如何看待莫斯科和华沙的实际情况一事。据我所知，虽然波兰民族对苏联还算友好，但它却强烈要求独立出去，而且对傀儡的波兰临时政府

越来越不满意。卢布林政府感觉到了波兰民族强烈不满的情绪。根据苏联政府指示，他们吸收一些波兰人士（也许会包括维托斯），这些人要能满足他们的追求和需要，并且要在他们的掌控之中。卢布林政府试图组建一个基础比现在更广的政府。这一步走得很正确，但仍无法满足我们的要求或克里米亚会议的决议。

4. 艾登离开前见过米科莱契克。米科莱契克答应按照斯大林 4 月 7 日发给我的私人电报中的要求，发表一份那样的声明，那份私人电报我已转发给了罗斯福总统……我希望今天下午就能收到米科莱契克发表的声明，他会在下周四把他的声明刊登在他在我国的波兰报纸上。如果我们对此满意的话，就能在星期一发给斯大林，或者与我们的联名电报同时一起发出。如果我们不满意，我会让他继续修改，直到我们满意为止，之后我再转发给您。

1945 年 4 月 15 日

那个时候艾登先生在华盛顿，第二天他发电报给我，说他认为我们不能同意总统提议方案的第一项条款，即有关邀请波兰领导人到莫斯科协商的事宜。邀请的波兰国内代表们应该是那些有地位的、能代表波兰党派说得上话的人，这一点很重要。在提议参会的波兰境内波兰人选上，我们一定要拿到选择权，不能把它单单留给苏联人。除非所选出的波兰人真具有代表性，否则艾登先生就要怀疑米科莱契克和他的朋友们怎么会去参加那种会议。

经过形式上的稍作修改，联名电报于 15 日发出。与此同时，我收到了米科莱契克（我在契克斯看到过他）的声明，内容如下：

1. 在联合国这个更广的友好邦交范围内，波兰和苏联保持亲密持久的友谊，我认为这是未来波兰政策的关键所在。

2. 别人对于我的态度还有所怀疑，为了打消所有疑虑，

我希望能公开发表一份如下声明：我接受克里米亚有关波兰未来、主权独立地位以及组建代表全国统一的临时政府的决议。

3. 我支持克里米亚做出的决议：召开一个波兰领导人会议，旨在组建一个全国统一的政府，它要能尽可能广泛、公正地代表波兰人民，且要能得到三个大国的认可。

1945 年 4 月 16 日

收到这份声明，斯大林就给我回信，内容如下：

当然，米科莱契克的声明标志着此事向前迈进了一大步，但是对于克里米亚决议有关波兰东部边界的那一部分，还不清楚他是否也接受。我希望您能先把米科莱契克的声明全文发给我，再向我解释他是不是也接受了克里米亚决议中关于波兰东部的那一部分条款。

1945 年 4 月 17 日

因此，22 日我把米科莱契克先生的一份公开声明发给斯大林，这份声明在米科莱契克自己的报纸上也发表过。我在给斯大林的电报中说道："毫无疑问，对于您向我提出的问题，米科莱契克先生在文章结尾给出了答复，那就是他接受寇松线，包括把利沃夫割让给苏联。我希望这个答复能让您满意。"

米科莱契克的声明如下：

根据苏联要求，三大国已经声明他们支持按照寇松线划分波兰东部边疆，这其中可能会有一些小的调整。我个人认为，至少应该把利沃夫和产油区留给波兰。然而，一方面，苏联对这方面有绝对要求；另一方面，我们两国边界的安宁取决于这一条件的实现。鉴于此，我们波兰人就不得不问问

> 自己：是否要为了维护我们共和国领土完整而拒绝苏联的要求，从而危及我们整个国家的利益。对于这个问题，答案一定是“否”。

我没有收到斯大林对这件事情的回复，所以就假定这位独裁者暂时满意了。其他各条款还没有定下来。艾登先生从华盛顿发来电报说他和斯退丁纽斯一致认为，我们应该重新要求观察员进入波兰，并再次敦促苏联政府停止和卢布林派波兰人谈判协议。但是，我们刚刚决定这件事不久，就传来消息说他们已经签订了协议。

* * *

第二天，也就是4月23日，斯退丁纽斯和艾登就波兰问题与莫洛托夫讨论了一个小时一刻钟，但没有取得任何进展。

斯退丁纽斯开门见山地问他们先讨论波兰问题还是旧金山问题。莫洛托夫马上回答说先讨论旧金山问题。艾登先生回应道，旧金山问题取决于波兰问题的进展状况如何，所以他们必须从波兰问题开始。大家都同意这种看法。艾登接着说，总统和我在4月15日就波兰问题给斯大林发了一份联名电报，能否请莫洛托夫说明一下他的政府如何看待此事？莫洛托夫说他知道有那份电报，但还没有看到全文内容，而苏联大使却说苏联大使馆还没有收到这份声明电报。如果真有此事，这就预示着斯大林对波兰问题的态度不容乐观。于是，有人就把那份联名电报读给莫洛托夫听，但他说他需要一些时间考虑。

然后，莫洛托夫就提到了苏联政府和华沙当局之间签订的条约。艾登指出，签订这个条约的时候，波兰组建全国统一的临时政府的工作还没有取得任何进展。莫洛托夫说他愿意执行条约，竭尽所能，但是组建的新政府必须以现有的政府为基础，并且要对苏联保持友好态度。他说苏联只是通过这项条约试图增进波兰亲苏的感情，没想到竟然引起众人不满，他感到很意外。苏联从未干涉英国或美国同法国或

比利时签订的任何条约，也没有从中作梗。

艾登指出，我们三个国家都承认法国政府和比利时政府，然而波兰政府却有两个，一个是美国和我们以及世界大部分国家都承认的，另一个是苏联政府所承认的。我们和美国方面都不承认华沙政府，苏联与它签订条约纯粹是单独行动，这会让人以为苏联政府对现在的波兰政府感到很满意。斯退丁纽斯对此也表示同意。

莫洛托夫争辩道，美国和英国不是波兰的邻邦，可以稍后再决定要不要签订条约。但苏联必须按时签订，以便能够协助对德作战。

艾登在给我的电报中说："我认为从今晚和莫洛托夫的会面来看，情况不太乐观。没有任何迹象表明您和总统的联名电报得到了苏方的重视，所以也别期待明天能有什么进展。而且，苏联政府在和华沙政府签订条约一事上完全执迷不悟……苏联政府的态度仍旧傲慢，这是它留给我的印象。除非我们能让苏联迅速面对现实，否则它不会看清此时的严峻局势。我们现在只有一种解决方法，那就是把会议推迟几天再开，趁此间隙，在华盛顿继续强调波兰问题。除非苏联人准备遵从雅尔塔协议与我们和美国人合作，否则就没有所谓的三强联合这一事实了（召开洛杉矶会议要以此为基础）。"

24 日我回复道："我追求的是与苏联人民的长久友谊。我可以肯定的一点是，这种友谊只能建立在苏联承认英美实力的基础上。我判定新任总统不会任由苏联欺负。"

*　*　*

同一天，我写信给斯大林：

首相致斯大林元帅：

总统请莫洛托夫先生转交给您的有关波兰问题的电报，我已经看过了。这封电报内容极其重要，故我与战时内阁做了商议。现在我负责任地告知您：我们一致同意上述的总统电报的内容。我真诚地希望能找到方法解决我们之间的严重分歧，如果这些分歧仍得不到解决，就会影响最后的胜利时刻。

1945 年 4 月 24 日

斯大林的回复实际上是说，我们和美国方面没有把波兰临时政府看作全国统一后的波兰政府的核心，而只是简单地把它看作众多集团中的一个，与其他波兰集团无异。这违背了我们在雅尔塔时所做的决议。斯大林声称："在雅尔塔，我们三个人（包括罗斯福总统）在讨论时都认为，目前波兰的临时政府得到了大多数波兰人民的信任和支持，它应该成为全国统一的新组建政府的核心——也就是它的主要组成部分。

"显然，对于波兰问题，你们有不同的看法。你们不同意让波兰参照南斯拉夫这个先例，于是就认定波兰临时政府不能作为未来全国统一政府的基础和核心。"

斯大林还争辩道，波兰不同于大不列颠和美国：它与苏联有共同的边界线。波兰安全的重要性对于苏联来说，就像比利时和希腊的安全之于大不列颠。苏联有权争取一个友好的波兰政府，并且永远不会支持一个敌对的波兰政府。他写道："且不论其他，这一点我们可以用苏联人民的血来保证。为了波兰的解放，苏联人民在波兰战场上流了很多血。我不知道希腊是否建立了一个真正有代表性的政府，或者比利时政府是否是真正的民主。"这些政府建立的时候没有征求苏方的意见，苏联也声称没有权利去干涉此事。"因为苏方理解，对于大不列颠的安全来说，比利时和希腊意义非凡。"美国和大不列颠已事先就波兰问题达成一致的协议，而此事却是最攸关苏联的利益，这实在使苏联难以接受。

斯大林感谢我把米科莱契克有关波兰东部的电报发给他，并答应劝说波兰临时政府不要反对邀请米科莱契克参与协商。

斯大林最后说道："现在需要做的就是把南斯拉夫的先例作为波兰

效仿的模板。”

这不是一个答复。我们当初到雅尔塔去开会，是希望能够抛开伦敦和卢布林政府，在友好的波兰人中组建一个新的政府，在这些人中，贝鲁特政府成员的地位比较突出。但是，斯大林并不看好这个方案，我们和美国已经同意不撤掉贝鲁特政府，条件就是，它应该成为一个“新”政府，“以更广泛的民主为基础进行重新改组，包括波兰国内外的民主领导人”。为了达到这个目标，莫洛托夫和两名大使在莫斯科开会商讨，试图通过与现在临时政府的成员和其他波兰国内外的民主领袖协商，成立一个这样的“新”政府。

然后，他们要选出去参加协商的波兰人。我们每次都试图挑选具有代表性的人，通过仔细筛选，将那些我们认为思想极端、对苏联不友好的人排除在外。我们从伦敦的波兰政府里挑选了三名合适人选，分别是米科莱契克、斯坦奇克和格拉布斯基，他们也接受我和斯大林都同意的东部边界划分。

波兰国内外的其他人选由美国人和我们本着助益的原则选出。但是，经过九周的讨论，莫斯科委员会还是毫无进展。莫洛托夫对我们提出的波兰人选问题也一直拒绝表态。因此，即使是预备性的圆桌会议，我方也不会允许他们任何一个人前来参加。

* * *

4 月 29 日，我向斯大林说明了整个情况。

首相致斯大林元帅：

……您竟然认为我们会支持一个对苏联有敌意的波兰政府，这真的让我们很震惊。这样做也有悖我们的政策。

但是，正是波兰的缘故，英国才会在 1939 年对德作战。我们认为，纳粹对待波兰的行为象征着希特勒的邪恶以及对征服和奴役的渴望。希特勒入侵波兰，相当于点燃了地雷的

引线。英国人民参与到战争中，并不是像有些人想的那样是为了算计什么，而是为了感情。这些年来，我们越来越觉得，希特勒的所有侵略行动和信条都说明他是一个危险分子：危及我们国家的安危，危及我们在欧洲大陆上所珍视的自由。因此，在慕尼黑之后，希特勒违背了有关捷克斯洛伐克的承诺，毫不知耻，就连特别珍爱和平的张伯伦也承诺要反对希特勒入侵波兰。希特勒入侵波兰后，我们遵守承诺，整个民族奋起反抗希特勒，哪怕我们当时并没有做好应战准备。人们心中燃烧着一团火焰，就如同你们的人民面对德国人背信弃义、面对残忍的和（一度看来几乎）具有压倒性的进攻时，奋起抗争，保卫祖国那样。至今在我国的各个阶层及其各自治领之中还燃烧着英国人民抗争的火焰。除非波兰与苏联建立了友好关系，在主权、独立和自由方面得到了完全公正的对待，否则英国人民永远也不会认为这场战争结束了。我想我们在雅尔塔达成协议的就是这一点。

与此同时，虽然我们非常努力地为波兰争取权利（我相信整个美国至少也是这样），但是所有说英语的国家也都渴望能与实力强大的苏联做朋友，前提是双方要平等对待、互相尊重。尽管我们有着不同的思想和政治体系，但是前路漫漫，未来充满希望，我们仍想和你们一起为了整个世界并肩作战，只有我们三个强国才能把整个世界团结在一起。在我担任首相期间，我一直尽心工作，为的就是能达成这种团结，今后我也会尽我所能地继续这样做下去。我可以特别向您保证，一个对苏联不友好的波兰政府，我们大不列颠不会容忍它的存在，更不会为它效劳。如果一个波兰政府不能真正符合我们雅尔塔联合宣言中的条例，不能适当尊重个人权利（像我们西方世界所理解的那样），那我们同样也不会承认。

在您提到的希腊和比利时问题上，我承认您确实尊重了我的看法。那个时候，我们不得不派重兵干涉，镇压希腊民

族解放阵线——人民解放军进攻雅典政府中心。我们曾再三指示，要优先维护你们在罗马尼亚和保加利亚的利益。不过，这并不代表可以把我们都排除在外。我们不喜欢您的下属在罗马尼亚和保加利亚对待我们的方式，这与我们高级官员平时在你们那里所受的礼遇截然不同。我们在希腊所寻求的只是一份长久的友谊。希腊能够民族独立、领土完整，我们所希望的也仅仅是这些而已。但是，希腊是实行君主制还是共和制，我们都无意干涉。我们在那里的唯一的政策就是尽快让局势恢复如常，进行公平自由的选举（我希望能在接下来的四五个月内进行）。这些选举会首先决定政体，其次是宪法。选举必须以在自由和普选的条件下所表现出来的人民意志为主导，那是我们的根本原则。即使希腊人决定实行共和制，也不会影响我们与希腊之间的关系。我们要利用在希腊的影响力，邀请苏联代表自由视察希腊的现状。我希望选举的时候，能够有苏联、美国和英国的专员出席，确保竞选的党派之间不存在威胁，确保不会有其他影响人民自由选择的事情发生。选举之后，我们在希腊的工作就能圆满完成了。

我们对于比利时并没有要求什么条件，尽管……我们希望，不管根据民意最后他们采用什么政体，他们都会采用一个总的防御体系，阻止德军西进。就像波兰一样，比利时也是一个战区和交通走廊地带，确实需要把这些因素考虑在内，这一点每个人都不得不承认。否则，纵使有千军万马也不能采取行动。

关于波兰问题，我们确实已经与美国商定了一个明确的行动方案。之所以这么做，是因为关于这个问题，我们双方自然而然地就达成了一致意见，并且真的都觉得自从克里米亚会议以来我们遭到了非常不友好的对待……从对立的角度来看，这些事情无疑就变得不同了。但是，我们曾承诺过，要让波兰拥有主权，国家自由，民族独立，它的政府要能充

分地代表波兰的一切民主人士的利益，这对我们来说是一种荣誉和责任。这一点我们完全赞同。我认为，我们两国的态度很坚定，不可能再有所改变了。而且既然我们和美国已达成一致协议，我们就一定要这样说。毕竟，早在1944年初，在我的发起下，我们和您联合公布了您想要的波苏疆界线，即寇松线，包括划给苏联的利沃夫。至于承诺的另一部分内容，即只要波兰对苏联持友好态度，我们就会保证其拥有主权，民族独立，国家自由。我们相信您会满足我们的，毕竟这部分是当时您和我们共同许下的。

另外，此时出现诸多困难的原因是波兰传来了各种各样的消息。很多议员都特别想打听这些消息，并且随时有可能在议会或报纸上进行激烈讨论，虽然我对于这样的行为不以为然。尽管我们一再要求，但莫洛托夫却没有给我们透露任何消息。比如，传言四个星期前，十五个波兰人与苏联当局进行了会谈；传言近期维托斯先生也进行了同样的会谈；各种各样关于驱逐出境的说法，等等。你们一点儿消息都不提供给我们，又不允许我们和美国方面派人到波兰亲自查明事情真相，别人对于你们这些行为有些抱怨也是情有可原，我又怎么能反驳呢？在我们的占领区或解放区的任何一块地方，你们都可自由派遣代表团。人们不能理解，你们为什么要反对英国代表团到你们所解放的外国地区进行类似的访问。

显然，双方的争吵会把世界弄得四分五裂。这样的话，只要双方领导人参与了这些争吵，他们都将遭到世人的耻笑。即使双方之间只是长期互相猜忌、互相谩骂以及实行敌对政策，也将会成为一种灾难，阻碍广大人民群众所期待的世界繁荣发展。只有我们三国团结一致，世界才能实现繁荣发展。我希望我的这些肺腑之言没有在无意中冒犯到您。如果有，请告知我。但是，我的朋友斯大林，希望您不要低估了某些事情的分歧。或许在您看来，这些分歧对我们来说不值一提，

但它们却代表着说英语的民主国家对待生命的方式。

1945 年 4 月 29 日

*　*　*

我在电报中提到了十五个波兰人的事件，虽然这件事可追溯到比总体叙述还要早的时间，但现在还是需要把它记录下来。1945 年 3 月初，苏联政治警察邀请波兰的地下组织派一个代表团到莫斯科，讨论根据雅尔塔协议方针组建一个统一的波兰政府事宜。另外还附有一份有关个人安全的书面保证，如果谈判成功，苏联方面就会让波兰的地下党到伦敦和波兰流亡政府进行洽谈，这是能够理解的。3 月 27 日，利奥波德・奥库利茨基将军（地下军司令博尔・科莫罗夫斯基将军的继任者）和两名领导人以及一名翻译在华沙郊外与苏联的代表进行了会面。第二天，十一名代表波兰主要政党的领导者也参与了进去。然而，无人从会面地点归来。4 月 6 日，波兰流亡政府在伦敦发表声明，大概讲述了这一段阴险的插曲。尽管苏联给了他们官方通行证，但那些波兰地下组织里最有地位的代表们还是消失得无影无踪。议会里有人质疑此事，也有人传言此时苏军占领区已经枪毙了当地的波兰领导人，特别是在波兰东部的谢德尔策发生过这种事情。直到 5 月 4 日，莫洛托夫才在旧金山承认，这些人被羁押在苏联。第二天，苏联的一个官方通讯社声称，那些波兰代表们因“在苏军后方进行牵制性的破坏活动”，正在等待候审。

5 月 18 日，斯大林公开否认他们曾邀请这些被捕的代表到莫斯科一事，并声称这些人只是“破坏分子”，要根据“一种类似英国保卫国土法案的法律”处理他们。苏联政府拒不改变立场。直到 6 月 18 日苏联审理他们的案子，我们才听到关于这些被诱捕的受害者的消息。这些犯人全部或部分承认了这些罪名，只有一人除外。十三人被判有罪，被判处了四个月到十年不等的有期徒刑，三人被无罪释放。实际上，这是借用司法手段对那些曾英勇抗击希特勒的波兰地下组织领导

人的一次清洗。士兵们早已葬身于华沙的废墟之中。

* * *

我写信给杜鲁门总统：

我非常关心那十五个波兰代表的命运。鉴于莫洛托夫在旧金山告诉斯退丁纽斯，说他们已被苏军逮捕，我认为，你我应该就这个问题非常仔细地商议一下。如果这些波兰人是被诱骗到苏联人手中的，并且现在已经不在人世了，那么这种罪行会产生不可预测的深远影响。我完全赞同艾登的看法和措施，我希望他在回国途经华盛顿时，您能和他就此事详谈一番。

1945 年 5 月 5 日

* * *

4 月 29 日，我给斯大林发了一封长篇呼吁书，现在他给了回复，结果令人非常沮丧。

斯大林元帅致首相：

您在 4 月 29 日有关波兰问题的来电我已收到。

我不得不遗憾地表示，请恕我不能苟同您为了支持您自己的立场而提出的论据。

1. 我们建议波兰以南斯拉夫这个先例作为参考，而您却倾向于认为我们商定这种建议违背了我们之前商定的关于要建立一个全国统一的波兰政府的内容。对此，我持不同意见。南斯拉夫这个先例之所以重要……是因为它为对怎样在那里建立一个新的联合政府的问题提供了一条最有效、最可行的

解决办法……

2. 您在来电中说到了希腊问题的解决办法，建议我们三大国监督他们的选举，这一点请恕我也不能苟同。如此监督一个盟国的人民，只会被别人认为这是对该国人民的侮辱，或是对它内政的严重干涉。即使是对于那些以前是德国附属国，后来宣布对德作战、加入盟国的国家，也没有必要监督它们。例如，芬兰的选举没有受到外界干涉，已经产生了建设性的成果。这个经验就证明了这一点，

您认为比利时和波兰是战区和交通走廊，这种想法毫无道理。波兰是苏联的邻邦，正是它的特殊地理位置，才需要以后的波兰政府积极地争取与苏联之间的友好关系，这也同样符合所有爱好和平的国家的利益。这是支持波兰参照南斯拉夫先例的又一论据。苏联和波兰之间应该建立一种牢固持久的友谊，这才是联合国的关心所在。所以，我们不同意关于建设未来波兰政府的人选问题。您认为应该让那些“不是根本反苏的”的人参与，或者说，排除那些您认为“对苏联极端不友好”的人参与这项工作。但是这两个标准没有一个能让我们满意。我们现在且以后也会坚持认为，只有那些积极向苏联示好、真心准备跟苏联合作的人，才能被邀请参与到协商组建未来波兰政府的工作中去。

3. 您在来电中提到了（另）一点，因为谣传我们逮捕了十五个波兰人并把他们驱逐出境等事，所以目前出现了很多困难，对此我不得不特别说明一下。

这一点我可以告诉您，您提到的那些波兰人有十六个，而不是十五个，以著名的波兰将军奥库利茨基为首。他的品行特别恶劣，英国情报机关非常谨慎，对这个波兰将军闭口不谈，他和其他据说失踪的十五个人一样，也“失踪”了。但是我们不建议对这件事保持沉默。这个以奥库利茨基将军为首的十六人小组在苏联前线被军事当局逮捕了，现在正在

接受调查。奥库利茨基将军一伙人，特别是他本人，被控告说他们在苏军后方策划和实行牵制性的破坏活动，导致苏军损失了一百多名战士和军官；还被控告说他们在我军后方非法建设无线发射台，这种做法违反了法律。根据调查结果，他们所有人或其中一部分人会被移交到法院。对苏军来说，这是为了保护自己军队及后方所必须采取的方式，让苏军和后方不受破坏分子和扰乱治安者的破坏。

英国情报机关正在散播谣言，说波兰人在谢德尔策遭到暗杀或枪毙。这些消息完全是子虚乌有，纯属捏造，并且明显是阿尔齐谢夫斯基①捏造出来的。

4. 从您的电报中可以看出，您不准备把波兰临时政府当作未来全国统一政府的基础，也不准备让它在全国统一的政府里占有它应有的合法地位。我不得不坦白说，要想通过和平协商来解决波兰问题，您所持的这种态度是行不通的。

1945 年 5 月 5 日

我把这封言辞激烈的电报转给了杜鲁门总统，并附有以下评论：

我认为，以通信的方式继续进行沟通是行不通了。这样不能解决事情。只要有可能，三国首脑就应该聚在一起召开会议。与此同时，我们的军队应该坚守在南斯拉夫、奥地利、捷克斯洛伐克、美军中央阵线的主要地区和英国前线，包括吕贝克，包括丹麦在内所取得的或是正在取得的阵地上。接下来的几天，双方军队都会忙于集中俘虏。我们希望国内群众能把关注点放在庆祝欧洲的胜利上。之后，我觉得我们必须极其认真地考虑一下我们对苏联的态度，向他们说明哪些我们能答应，哪些不能答应。

---

① 阿尔齐谢夫斯基是波兰流亡政府的总理。

不过，斯大林已经给总统发了一份副本。

* * *

旧金山会议正在为一个自由、文明和团结的未来世界规划基础，我们伟大的同盟国人民正在为对希特勒和纳粹的暴政取得的胜利欢欣雀跃。此时，我却看到了新的甚至更大的危机，心里感到很压抑。另外，我还担心大选，不管结果如何，它势必会让我国分裂，矛盾重重，削弱国家在这段时间的话语权，到了那个时候，我们在正义之战里得到的一切都将付诸东流。最重要的是，斯大林、杜鲁门和我应该尽早会晤，不能被任何事情耽搁。5 月 4 日，我把我看到的欧洲的情况告诉艾登，他那时候正在参加旧金山会议，每天都与斯退丁纽斯和莫洛托夫接触，并且不久将到华盛顿再次谒见总统。

1. 在我看来，现在可能只有三国政府首脑之间召开一次会议才能打破波兰的僵局，这个会议要在德国一个未遭战火毁坏的城镇上举行（如果还能找到这样的地方的话）。该会议最迟要在 7 月初召开。我建议给杜鲁门总统发一封电报，商量一下他要访问这里、参加会议（三大国缺一不可）的事宜。

2. 现在有特别多极其严重的问题需要苏联迅速解决，如果把波兰问题与这些问题联系在一起的话，波兰问题可能就更容易解决了。我担心苏联向易北河推进的时候，会发生意外。有人提议把美军撤到占领线以内，这条占领线是在魁北克会议中与苏联人、美国人商量之后定下的，就是我们在魁北克研究时在地图上标黄的部分。这就意味着苏联人的统治势力要从三百到四百英里的战线上向前推进一百二十英里。如果这件事情发生的话，就会成为历史上一件极其可悲的事情。这件事情结束了，苏联占领这一地区，之后，波兰就会

被完全包围，并且会在苏联占领区内被消灭。实际上，苏联的边境线是从挪威的北角起，沿着芬兰—瑞典边界，穿过波罗的海到达吕贝克正东的一点，再沿着现在所商定的占领线和巴伐利亚到捷克斯洛伐克之间的边界直到奥地利的边界（名义上将由四国占领），穿过奥地利的一半到达伊松佐河，在这条河的后方，铁托和苏联会掌管向东方向的一切事宜。这样一来，波罗的海地区，到占领线为止的所有德国地区，整个捷克斯洛伐克地区，奥地利的大部分地区以及南斯拉夫、匈牙利、罗马尼亚和保加利亚的整个地区，直到现在动荡不安的希腊，都在苏联的控制范围之内，其中还包括中欧所有的大都会，柏林、维也纳、布达佩斯、贝尔格莱德、布加勒斯特和索菲亚。土耳其和君士坦丁堡的地位势必马上就需进行讨论。

3. 这件事在欧洲的历史上独一无二，也是盟国在漫长危险的斗争中从来没有遇到过的事。苏联要求德国赔款，单单这一件事就能让苏联无限期地延长占领的时间，至少要很多年。那个时候，波兰和很多其他国家就会被困在苏联控制的欧洲的大块地带之中，他们虽然在经济上不一定会被苏化，但一定会在管理上被苏联同化。

4. 现在正是几个主要大国之间共同合作审查这些棘手问题的时候。我们这边有几个可以讨价还价的筹码，用它们也许可以达成和平协议。第一，盟国不应该撤退到占领线，除非我们满意波兰问题的解决，满意苏联暂时占领德国的做法，满意多瑙河流域里苏联化或是被苏联控制的国家，特别是奥地利、捷克斯洛伐克和巴尔干国家的建设情况。第二，黑海和波罗的海作为总基地的一部分，如果我们从那里撤军，德国可能会很高兴。所有的这些问题只能在欧洲的美军力量还没有被削弱之前解决，等到美军从欧洲撤退以及西方世界开始整理他们的武器时，就不可能有满意的解决办法了，而且

> 防止第三次世界大战爆发的希望也微乎其微。我们现在必须把希望放在及早迅速地与苏联摊牌和解决事情上。与此同时，在波兰问题上，无论从哪个方面我们都不能降低对苏联的要求。我认为，我们应该坚持总统和我在电报里阐明的立场。

次日我又补充道：“没有什么能把我们从那个大灾难中拯救出来，除非能在德国境内某个地方召开一次会议，尽早摊牌。那个地方要在美国和英国控制范围内，并且能提供住宿。”

附　录

首相所发出的指令、备忘录和电报

1945 年 4 月

首相致自治领事务大臣（将副本送至外交大臣）：

自雅尔塔会议后，你我二人达成共识，都强烈反对苏联对波兰的所作所为，但问题是如何使之最见成效。显然，我们不能违背英美两国奉行的方针，即敦促苏联派遣其实力强大的代表团前往旧金山。总之，苏联的态度取决于其对待总统与我以完全一致的意见所发出的电报，这些电报措辞严肃。在尚未收到复电之前，不能妄下定论。

我认为若其复电充满敌意，那苏联人不大可能会前往旧金山。他们宁可与卢布林的波兰人并肩作战，誓死抗争。这样一来，是否应该召开旧金山会议就成了一个新问题。我们还尚未就此做出结论。但从长远来看，我和安东尼认为若因苏联恼羞成怒而不召开旧金山会议，将对我们的事业与声望造成重大打击，还会影响波兰的解放事业。苏联便会认为仅凭他们一国的缺席就可致使一项世界性的活动陷入瘫痪。尽管我未曾热衷于这一会议，但由此之后我将会对它十分上心。对余下所有的友好国家而言，这将会是一种示弱，且比当前召开会议的其他不便因素更为突出。因此我深信，一旦苏联表示拒绝，我们应向其摆明事实，即文明世界既不畏惧苏联也不依赖苏联，除非它自愿前来，否则即便不来我们也照开无误。若苏联仍旧态度冷漠，我们务必要做出适当调整。

如果仅因斯大林和莫托洛夫姿态傲慢，以美英两国为首的联合国宏图便就此停笔，那将影响恶劣。相反，如果英美两国主持召开会议，所有联合国国家都参加唯独苏联缺席，那世人将会对苏联大加谴责。此外，当前英美两国的军事实力强于苏联，且除苏联本土及其征服的卫星国家外，英美军事力量几乎遍布整个世界。因此，人类的希望将寄托于哪一方便不证自明。

万一像我所说的那样，事态朝不好的方向发展，我认为也应毫不犹豫地召开会议。缺席的人总是错的，而苏联是在何种情况下缺席会议，大家也心知肚明。因此，我认为这条道路不仅极具战略意义，更是英美两国等各种力量引领世界人民走向公正与道义的康庄大道。

不管结果如何，这将会是我行动的理由。请您仔细考虑这些想法，看其能否行之有效并实现您的目标。请时刻铭记，在许多重大问题上，美国比我们更愿意进行深入探讨。总而言之，我们必须等待，直到我们得知：（1）斯大林收到我们发出的电报后作何答复；（2）苏联是否拒绝出席旧金山会议；（3）在这种情况下美国是否坚持召开会议。若是如此，我定竭力支持。

您总说您只“相信自己的直觉”。我苦干了一天，赘述完毕，仅供参考。

1945 年 4 月 3 日

首相致主计大臣、雅各布将军和机要室：

虽然我还尚未阅读这些文件（关于法国北部火箭发射地点），但我十分清楚，我们能得救主要归功于陆军横扫海岸地区所做的努力，其次是多亏了高射炮队，也多亏了空军贡献了自己的力量。蒙哥马利元帅领导的军队在横扫海岸时立下了决定性战功，该军队还包括加拿大军队在内，这些战绩若是遗忘了，那将是愚蠢至极。

1945 年 4 月 3 日

首相致海军大臣和第一海务大臣：

我上次在备忘录中谈到关于解除拖网渔船的事，现在进一步对你进行解释，我说减去总数的百分之十，所指的是四百二十五艘被征用的内海拖网渔船，且是最好的渔船。截至4月，我将接收四十二艘这种渔船，除非战局有变，否则5月我要接收其中的百分之二十。至于6月，我们可后作打算。希望海军部能尽快交出这些船只，同时确保其能有效完成捕鱼工作，以便为英国做出巨大贡献。这对海军部而言，是一个展示其机动精神的绝佳机会。也许你不知道，1938年“英国捕获的鲑鳕科鱼类”为七十五万吨，但1944年仅为二十四万吨。

1945年4月3日

首相致农业大臣、粮食大臣和军事运输大臣：

你们关于国内猪肉和鸡蛋增产的备忘录。

一切都取决于抗德战争的进展。根据我的猜想，我将1945年5月底作为战争结束的奋斗目标，但战争也有可能会提前结束。无论如何，到4月底之前，我们应该会更有把握，也看得更准。不是说不能以4月30日作为战争结束之期而做准备，并分配运输任务，但应先交与我详细过目，这样一来参谋部便能考虑是否风险过大。这也是好事一桩。

请你们不要放弃1946年春季的鸡蛋计划和全面生产所需鸡肉的计划。

绝对不能削减用于制作威士忌（酒）的大麦生产。这种酒要几年才能酿成，它既是珍贵的出口物又能置换美元。鉴于出口方面我们面临的种种困难，若不继续保留这种作为英国特产的优质品，简直是鼠目寸光。

军事运输大臣应勇敢大胆，别被军事需求的重担压得喘不过气来。英国人民有资格获得最低限度的粮食供应。若4月底德军提前投降，军事运输大臣手上的运输任务突然暴增，这岂不是面临很大压力。

请务必让财政部根据上述设想向拉普拉塔河国家[①]购买二十万吨谷类。这需要多少经费？

希望你们能考虑我给出的方针并互相商讨，从而做出果敢大胆的决策，对此我将大力支持。修订过的文件可提交内阁讨论，但请事先让我过目。

1945 年 4 月 3 日

首相致爱德华·布里奇斯爵士：

在某一次内阁会议上，我与海军部商洽之后提出将战舰移交给加拿大和澳大利亚，当时自治领部长也受邀出席了该次会议。会议当场就表示要全部无条件馈赠给他们。海军部应率先做出这一安排，不要提出财政考虑。因为仅就财政方面，我们就已亏欠加拿大太多。而且，与其折价军舰抵偿债务，不如直接赠予他们，效果还会更好。现在不是“分文必较、因小失大”的时候。我们要么自己保留这些舰只，要么将其送给他们。如果海军部同意的话，眼下正是以最友好的方式赠送给他们的时候。将您的粮食撒在水面上（意思：只要肯施舍并帮助别人），日后必能得到回报。[②]

1945 年 4 月 4 日

首相致外交部：

请注意“inadmissable”[③] 一词的拼写错误。我之前就已在外交部的电报上见过多次。

1945 年 4 月 4 日

---

① 指南美洲的乌拉圭和阿根廷等国。——译者注

② 引语出自《旧约圣经》“传道书”第十一章第一节，意思是真心行善，善报必不在远。——译者注

③ 正确的拼写为 inadmissible。——译者注

首相致伊斯梅上将，转参谋长委员会：

关于日后东南亚的行动计划，我的看法如下，必要的话，我将通过威尔逊元帅与马歇尔将军就此展开讨论：

无论是上次战争还是这次战争，我们发现在处理所有事务之时，最危险的莫过于某一系列作战行动或补给供应享有绝对优先权。一经同意，这些享有绝对优先权的部门便会将其所需物品悉数带走，且仅供其自行支配，而不考虑对那些享有次等优先权的部门造成的损失。比如说，如果某个部门需五吨商品且享有绝对优先权，那他们便会毫不犹豫地拿走这五吨的数量，就算其他部门也享有重大的优先权，且只需要一百二十磅这类商品，他们也不予理会。因此，这将造成大范围的损失，原因是他们没有轻重缓急的意识。

在此次战争的军务往来中（大西洋两岸大多如此），我们在分配第一优先权时还指派了任务。我们当然不能在未达成协议的情况下，就将绝对优先权分配给主要作战方，从而忽视其他行动，虽然他们所需补给量小但却必不可少。有些行动虽然作战规模小于主要作战，但却至关重要，对任何毫不顾及这类行动的提案我们应表示极度漠视和反对。因此，我们希望能通过合理的讨论来解决这些事情。

1945 年 4 月 7 日

首相致伊斯梅将军，转参谋长委员会：

关于您提议的英国轰炸研究团一事。您提议将重建国家所需的巨大经费和诸多技术精湛的专业人员用作其他任务，在我看来，这项任务收获甚少，因此，恕我不能苟同。您要求提供一千人，且其中一半为高级专家，而我却不知耗费我们一大笔剩余资源会换来什么结果。

我同意向您提供三十名专家，以及在接下来的几个月内分布于德国各地的大批空军地勤人员，而且您可暂时调配他们。这些人员足以帮您找到您想到的轰炸点。

1945 年 4 月 8 日

首相致外交部：

要不是我们迫于美国和现代化发展的压力，将哈布斯堡皇室逐出了奥地利和匈牙利，并将霍亨索伦皇室赶出了德国，这场战争绝不会爆发。正因为我们使得这些地方成了真空地带，才让希特勒这个怪物有机可乘，从阴沟里爬了出来并登上那些空着的王座。显然，这些见解非常不合时宜。

1945 年 4 月 8 日

首相致海军大臣：

本周我定会找到恰当的时机同您与第一海务大臣会见，但我仍希望我的这一（关于解除拖网船只服役）合理请求能立刻得到满足。这样一来，我们的渔民便能开展工作，以此缓解英国的粮食压力。请即刻采取行动。

1945 年 8 月 8 日

首相致贸易大臣：

增加民用衣物的供应量相当重要。我看到一些计划表示欧战胜利后衣物将极度紧缺，这让人无法容忍。因为一旦发生类似事情，贸易部的名誉将会严重受损。若 2 月 26 日我的指示得以执行，您所需的劳动力将会大为增加，因此，我相信服装行业能尽早分配到足够的人手。

如果今年秋季还不能确保民用衣物的充足供应，我会考虑抽调百分之二十的军服制作人员，尽管这会耽误军服的供应。

1945 年 4 月 14 日

1945 年的人力问题

——首相兼国防大臣的命令

在雅尔塔会议上，为了便于安排生产计划和人力资源，大家一致认为，抗德战争结束的日期最早应假定为 1945 年 7 月 1 日，最迟为 1945 年 12 月 31 日。会议召开后的短短几个星期内，德军局势的恶化速度之快超乎我们的想象。德军西线瓦解，其西部军队的大部分被歼灭，加上其石油储藏量实际已枯竭，种种迹象表明德军大势已去。此时，我们便能满怀期待，有组织的抵抗将于今年夏季告终。因此，我建议我们的一切计划都应将 5 月 30 日作为确定的日期。如果我们的一切计划都以这一日期为准，那么即使战争提前或推迟一两个礼拜，我们也不会造成重大失误。

在全国复员期间，参政大臣的人力委员会有义务交卸官员的职务，这就如同于在全国动员期间委任其职务一样。他们首先应要求三军部门提交一份报告，说明其部门何时能做好解除兵役的准备工作。最重要的是，三军部门解除兵役的工作必须在抗德战争结束的六个星期之内开始。

参谋长委员会应即刻提交一份报告至国防委员会，说明其计划用于抗日战争的兵力规模。这些兵力的部署应严格按照抗日战争期间能及时投入作战的人数制定。一旦完成人数预算，还应计算出维持这些兵力所需的弹药。此外，必要时，印度和远东地区的后勤准备工作也应予以调整。

人力委员会应制作一份自 1945 年 6 月 1 日起至 12 月 31 日的收支表。我要求三军部门和劳工部确保在此期间，他们会在将兵役额和军火工业降为国家二级标准的工作上取得巨大进展。

我相信上述各工作都能及时完成，这样的话，5 月中旬便可提交结果给战时内阁。

1945 年 4 月 14 日

首相致劳埃德·乔治少校和杰弗里·劳埃德先生：

据我所知，我们曾在华盛顿讨论中提出对德战争结束后放松石油配给一事。我认为自欧战胜利之日起，尽快放松居民的石油使用限制至关重要。若是对德战争很早结束且供应情况允许，6 月 1 日应该就能恢复基本的配给。请向我提交一份关于行政准备工作的报告。

1945 年 4 月 15 日

首相致空军大臣和空军参谋长：

我一直不明白为何英联邦在加拿大的空军训练计划会突然取消。许多人为此感到苦恼。其核心力量本应予以保留。然而，我已基本同意你们的多封电文，请勿催促。

1945 年 4 月 16 日

首相致工程大臣：

我在周六的报纸看到一段文字，内容是说白金汉宫的修理工作不会享有任何优先待遇，国王和王后将享受与平民一样的待遇。我反对这种宣传，而且我认为这并没有表达人们对这个忠诚的国度的情感。

此外，皇宫是为整个国家保存，且具有公共用途。在接下来的 6 个月里，可能要在白金汉宫或圣詹姆士宫接待或款待许多欧洲显要人物。如果不对其进行适当修理，将会影响外交关系。

1945 年 4 月 23 日

首相致外交部：

英国有些地名流传已久，世代相传，我认为不该因当地外国人的一时兴起而对其加以改变。如果一个地名没有特殊意义，就应该按照当地的习惯称呼。但君士坦丁堡应永远保留，尽管我们为了便于一些愚蠢的人理解，会在括号内写上伊斯坦布尔。我们因为安戈拉猫而对安戈拉熟悉已久，所以我极力反对将其降格为安卡拉。[①]

顺便说一句，您应该注意，凡是改了地名的地方，当地的人们总是会遭遇不幸，因为命运绝不饶恕那些破坏传统与历史风俗的人。因此，只要我对此事有发言权，我就禁止使用安卡拉一词，除非用括号表示。如果此时我们不表示反对，数周后，莱格霍恩就会被称作里窝那[②]，英国广播公司就会把佩里斯读作巴黎。外国地名是为了方便英

---

① 安戈拉（Angora），土耳其首都，1930 年改名为安卡拉（Ankara）。——译者注

② 里窝那，意大利文为 Livorno，英文译名为 Leghorn（莱格霍恩）。——译者注

国人称呼，而不是要英国人顺应外国地名。我在圣乔治日[①]写下了这份备忘录。

1945 年 4 月 23 日

首相致帝国总参谋长：

陆军部情报局认为苏军实际损伤的德军人数为多少？他们是否可能已消灭或俘虏一千万德军，只留少量德军给英国和美国？我个人认为半数左右是合乎情理的。[②]

1945 年 4 月 25 日

首相致纳奇布尔·休格森爵士（布鲁塞尔）：

英国政府的政策并不是追捕哈布斯堡王室的大公[③]奥托，也不会因奥国友好人士效忠其故国君主政体而将其视为一群犯罪分子。我们本不应代表他们出面干涉，并应始终坚定自己这一立场，但眼下我们被迫放弃不干涉立场。人民的意愿便是我们行动的依据，这种意愿通过自由、不记名投票和普选的方式得以体现。说来奇怪，如果君主立宪的原则以人民的意志为基础，那英国人便不会觉得这令人憎恶。

我亲身经历了欧洲的所有动乱，并对其进行了仔细研究。我认为，如果当初在凡尔赛的和平会议上，盟国没有将肃清历史悠久的旧王朝视为一种进步，允许霍亨索伦、韦特尔斯巴赫和哈布斯堡三个王朝的子孙重掌王权，那希特勒就不会上台。德国本来可以为军人阶级寻求一个效忠的象征人物，而魏玛君主国与盟国接触之后，本可保留社会的民主基础。这是我的个人看法，可能会引起您的深思。

1945 年 4 月 26 日

---

① 圣乔治日就是 4 月 23 日。——译者注

② 陆军部估计苏联人杀伤了七百万德国人。

③ 奥国皇子。——译者注

首相致爱德华·布里奇斯爵士：

大臣们自己书写与签署的电报、备忘录及其他文件都曾在内阁中进行传阅，他们有权保存这些文件。许多大臣都有这些文件的副本，因为它们通常是打印多份。除了受明文规定的公文使用规则外，它们应被视为大臣们的私有物。就首相而言，除了这类文件外，还应加上他与各国首脑之间的通信往来。所有其他文件应供有关部门大臣使用，尽管它们应存放于政府保管库内，但大臣可随时调阅。

关于使用内阁或其他文件处理矛盾分歧一事，枢密院顾问官已下令严格禁止此事，该指令指出：因矛盾分歧需调用内阁全体大臣共同负责的文件时，不管使用恰当与否，都应得到王室的许可。内阁级以下的大臣必须归还所有文件。至于将来的内阁大臣要引用联合内阁所用的文件，这一问题应由相关党派领袖自行解决，最后再由时任首相向国王请示。请注意，涉及双方公共利益时，若一方使用了文件，另一方也有使用的必要……

1945 年 4 月 30 日

首相致陆军大臣：

请假设我们会在 5 月 31 日实现欧洲和平，从而制作一份伤亡估计表交给我过目，以及简单说明一下占领德国需要多少人力，并说明您的行动是基于何种广泛基础与制度体系。战争尚在进行，我还未能就这些问题做出任何最终决议。

我突然萌生了一些想法，希望你们能加以研究。第一，将我们大量的占领部队转化为配备装甲车、吉普车的机动纵队；第二，整编为机动纵队之后，该部队能从事巷战，并配有喷火器和炮队，包括适合这一特殊任务的迫击炮在内；第三，尽早将在国内训练的年轻队伍调往德国，以便他们能继续展开训练并替换老兵；第四，如果能找到合适的建筑，一定要将国内若干训练机构迁至我们在德国的占领区内；第五，空军的提议必须与上述要求有联系。毫无疑问，空军的提议最为庞大，必须仔细审核。欢迎你们就这些问题提出自己的看法，因为在征求多方意见之后，我打算写一份详细计划。

当然，我们应让德国人自己管理国家，应付未来的挑战，而不是坐享其成，受惠于英美两国。

1945 年 4 月 30 日

首相致燃料和动力大臣：

上周五，战时内阁就将矿工从军队解除军役任务一事做出一些决议。这会对煤炭生产有何影响？这些提议又会在何种程度上弥补煤炭产出的不足？请就此向我提交一份报告，我将不胜感激。我们一定要确保明年冬季煤炭供给充足。

1945 年 4 月 30 日